고사성어 Bank 뱅크

이야기공방 엮음

K (주)학은미디어

::차례::

엄마

ㅌ

ㅍ

나! 단군이라네
……

핵심정리
고사성어 뱅크
ㄱ

家家戶戶　가가호호

*家집 **가** *戶집 **호**

집집마다. 집집이.

◆그는 가가호호 찾아다니며 한 표를 부탁했다.

佳人薄命　가인박명

*佳아름다울 **가** *薄엷을 **박** *命목숨 **명**

아름다운 여자는 수명이 짧다는 말.

㈜美人薄命(미인박명)

刻骨難忘　각골난망

*刻새길 **각** *難어려울 **난** *忘잊을 **망**

깊이 새겨 두고 잊지 않음.

◆저에게 베풀어 주신 은혜 각골난망입니다.

가인박명 Beautiful flowers are soon picked.

사람이 사는 집은 돼지우리?

옛날 옛적 사람들은 동굴 속이나, 땅굴을 파고 그 위에 나무를 엮은 허술한 집에서 살았다.

집이 이렇게 허술하다 보니 뱀이 집 안으로 들어와 사람을 물곤 했다. 그러자 집 안에서 돼지를 기르기 시작했다. 돼지는 비계층이 두꺼워 뱀에게 물려도 독이 잘 퍼지지 않고, 특히 뱀을 잘 잡아먹었기 때문이다.

그래서 집을 나타내는 글자를 지붕(宀)과 돼지(豕)를 합쳐 가(家)로 쓰게 되었다.

사람이 사는 집은 본래 돼지우리였던 셈이다.

家訓

家(집 가) 訓(가르칠 훈)
집안 어른이 자손들에게 주는 교훈. 선대부터 그 집안의 도덕적 기준으로 삼은 가르침.

各樣各色　각양각색

*各각각 **각** *樣모양 **양** *色빛 **색**

서로 다른 각가지 모양과 빛깔

◆미인 대회 참가자들이 각양각색의 의상을 뽐냈다.

各自圖生　각자도생

*自스스로 **자** *圖그림 **도** *生날 **생**

저마다 살아갈 방법을 강구함.

◆이제는 각자도생하는 길밖에 없구나.

角者無齒　각자무치

*角뿔 **각** *者놈 **자** *無없을 **무** *齒이 **치**

뿔이 있는 자는 이가 없다.

한 사람이 모든 재주나 복을 다 가질 수 없음을 이름.

刻舟求劍　각주구검

*舟배 주　*求구할 구　*劍칼 검

뱃전에 새겨 칼을 찾는다.
시대나 상황의 변화를 모르는 어리석음을 이름.

肝膽相照　간담상조

*肝간 간　*膽쓸개 담　*照비칠 조

간과 쓸개가 서로 비춘다.
친구 간에 서로 마음을 터놓고 허물없이 사귐을 이름.

干城之材　간성지재

*干방패 간　*城재 성　*材재목 재

방패와 성의 구실을 할 만한 인재
국방의 책임을 다할 인재를 이름.

間於齊楚　간어제초

*間사이 간 *齊나라 제 *楚나라 초

약자가 강자들 틈에서 괴로움을 당함.
제와 초 사이에 낀 등나라의 처지에서 유래한 말

敢不生心　감불생심

*敢감히/구태여 감 *不아닐 불 *心마음 심

어찌 감히 마음을 내랴?
㉅焉敢生心(언감생심)

甘言利說　감언이설

*甘달 감 *利이할 리 *說말씀 설

달콤한 말과 이로운 조건을 들어 꾀는 말
◈그런 감언이설에 속아 넘어갈 사람이 어디 있어?

感之德之　감지덕지

*感느낄 감 *之갈 지 *德큰 덕

과분한 듯 매우 고맙게 여김.

◆커피 한 잔이라도 감지덕지 고맙게 여기렴.

甘呑苦吐　감탄고토

*呑삼킬 탄 *苦쓸 고 *吐토할 토

달면 삼키고 쓰면 뱉는다.

자기 비위에 맞으면 좋아하고 그렇지 아니하면 싫어함.

甲男乙女　갑남을녀

*甲갑옷 갑 *男사내 남 *乙새 을 *女계집 녀

평범한 사람들을 일컫는 말

㊀張三李四(장삼이사) ㊀匹夫匹婦(필부필부)

갑남을녀 Jack and Gill.

甲論乙駁　갑론을박

*論 논할 **론**　*駁 논박할 **박**

자기 주장을 내세워 남의 주장을 반박함.

◈회의장이 갑론을박으로 소란스러웠다.

江湖煙波　강호연파

*江 강 **강**　*湖 호수 **호**　*煙 연기 **연**　*波 물결 **파**

강이나 호수 위에 안개처럼 이는 잔물결
대자연의 풍경을 이름.

改過遷善　개과천선

*改 고칠 **개**　*過 지날 **과**　*遷 옮길 **천**

허물을 고쳐 착해짐.

◈그런 망나니가 개과천선했다니 반가운 일이네.

客反爲主 　객반위주

*客손 객　*反돌이킬 반　*爲할 위　*主주인 주

손님이 도리어 주인 행세를 함.

사물의 대소(大小), 경중(輕重), 전후(前後)가 뒤바뀜.

去頭截尾 　거두절미

*去갈 거　*頭머리 두　*截자를 절

머리와 꼬리를 잘라 버림.

앞뒤의 잔사설은 빼고 요점만 말함을 이름.

擧世皆濁 　거세개탁

*擧들 거　*世인간 세　*皆모두 개　*濁흐릴 탁

온 세상이 다 흐림.

지위의 높고 낮음에 상관없이 모두 바르지 않음을 이름.

거두절미 Cut off the head and tail.

健忘症

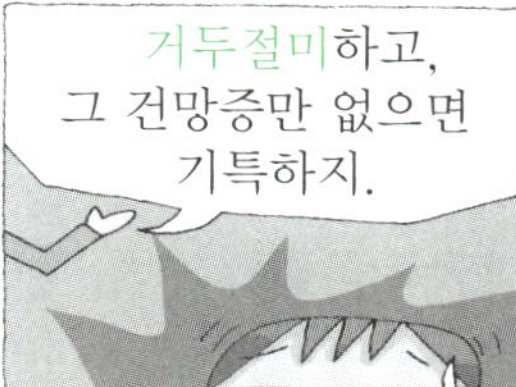

健(굳셀 건) 忘(잊을 망) 症(증세 증)
경험한 일을 잘 잊어버리는 증세.

居安思危　거안사위

*居살 **거**　*安편안 **안**　*危위태할 **위**

편안한 가운데도 위태로움을 생각함.

◆좋은 때일수록 거안사위의 자세를 가져야 한다.

乾坤一擲　건곤일척

*乾하늘 **건**　*坤땅 **곤**　*擲던질 **척**

흥망을 걸고 온 힘을 다해 승부를 겨룸.

◆건곤일척의 전투가 벌어졌다.

格物致知　격물치지

*格격식 **격**　*物물건 **물**　*致이를 **치**　*知알 **지**

사물의 이치를 탐구하여 그 이치를 알게 됨.

격물(格物)은 사물의 이치를 끝까지 파고든다는 뜻.

見利思義　　견리사의

*見볼 견　*利이할 리　*思생각 사　*義옳을 의

이로움을 보았으면 의로운가를 생각함.

반見利忘義(견리망의)

犬馬之勞　　견마지로

*犬개 견　*馬말 마　*勞일할 로

(임금이나 나라에) 정성껏 충성을 다함.

견마(犬馬)는 자기의 몸을 극히 낮추어 이르는 말임.

見物生心　　견물생심

*生날 생　*心마음 심

실물을 보고 욕심이 생김.

◆견물생심이라고, 멋진 가방을 보니 사고 싶어졌다.

견물생심 Seeing is wanting.

決心

決(결단할 결) 心(마음 심)
마음을 굳게 정하는 일.

見危授命　견위수명

*危 위태할 **위**　*授 줄 **수**　*命 목숨 **명**

나라의 위태로움을 보면 자기 목숨도 바침.

㈀見危致命(견위치명)

結者解之　결자해지

*結 맺을 **결**　*解 풀 **해**　*之 갈 **지**

처음 시작한 사람이 그것을 해결해야 한다.

◆네가 저지른 일이니 결자해지해라.

結草報恩　결초보은

*草 풀 **초**　*報 갚을/알릴 **보**　*恩 은혜 **은**

죽어서까지라도 은혜를 잊지 않고 갚음.

◆어려울 때 도와주신 일, 꼭 결초보은하겠습니다.

결자해지 One who has tied a knot must untie it.

兼人之勇　겸인지용

*兼 겸할 겸　*人 사람 인　*勇 날랠 용

능히 몇 사람을 당해 낼 만한 용기

◆그 소년은 나이는 어리지만 겸인지용의 군인이었다.

輕擧妄動　경거망동

*輕 가벼울 경　*妄 허망할 망　*動 움직일 동

경솔하고 분수없이 행동함.

◆경거망동하지 말고 신중하게 행동해라.

經國濟世　경국제세

*經 지날/글 경　*國 나라 국　*濟 건널 제

나라를 잘 다스려 도탄에 빠진 백성을 구함.

경국(經國)은 나라를 다스린다는 뜻.

傾國之色　경국지색

*傾기울 경 *國나라 국 *色빛 색

한 나라를 위기에 빠뜨릴 만한 미인

◆양귀비는 경국지색이라 할 만한 미인이었다.

經世濟民　경세제민

*世인간 세 *民백성 민

세상을 다스리고 백성을 구제함.

제민(濟民)은 도탄에 빠진 백성을 구제한다는 뜻.

敬而遠之　경이원지

*敬공경 경 *而어조사 이 *遠멀 원

존경하되 가까이하지는 않음.

㈜敬遠(경원)

경국지색 A woman beautiful enough to cause the downfall of a country.

방귀가 한자어?

대통령도 요조숙녀도 피할 수 없는 생리현상인 방귀.

방귀에 관한 한 만인이 평등하지요.

방귀는 뱃속에 들어간 음식물이 썩거나 발효하여 똥구멍
으로 나오는 구린내 나는 가스입니다.

그런데 방귀는 한자어 방기(放氣)에서 생긴 말이랍니다.

놓을 방(放), 기운 기(氣), 즉 몸속의 기운을 풀어 놓는 것
이지요. 방귀를 뀌고 나면 시원하잖아요.

우리 조상들의 재치와 유머 감각이 돋보이는 낱말입니다.

자, 시원하게 방귀 한번 뀌어 봅시다.

驚天動地　경천동지

*驚놀랄 **경** *天하늘 **천** *地따 **지**

세상을 몹시 놀라게 함.

◈그게 정말이야? 경천동지할 일이네.

敬天愛人　경천애인

*愛사랑 **애** *人사람 **인**

하늘을 공경하고 사람을 사랑함.

◈사람이란 모름지기 경천애인해야 한다.

經天緯地　경천위지

*緯씨 **위**

하늘을 날줄로, 땅을 씨줄로 삼아 천하를 다스림.

온 천하의 일을 조직적으로 잘 계획하여 다스림을 이름.

鷄卵有骨　계란유골

*鷄닭 계　*卵알 란　*有있을 유　*骨뼈 골

달걀에 뼈가 있다.

운이 나쁜 사람은 좋은 기회를 만나도 일이 잘 안됨을 이름.

鷄鳴狗盜　계명구도

*鳴울 명　*狗개 구　*盜도둑 도

닭 울음소리를 잘 내는 사람, 개 흉내를 잘 내는 도둑

비굴한 꾀를 써서 남을 속이는 천박한 사람을 이름.

股肱之臣　고굉지신

*股넓적다리 고　*肱팔뚝 굉　*臣신하 신

임금이 가장 믿고 중히 여기는 신하

㈜股肱(고굉)

계륵(鷄肋)

조조와 유비가 한중 땅을 놓고 다투고 있을 때, 조조의 군은 군량도 부족하고 군사들의 사기도 말이 아니었다.

어느 날, 부하 한 사람이 조조에게 물었다.

"상황이 좋지 않습니다. 진격입니까, 후퇴입니까?"

조조는 저녁으로 먹고 있던 닭갈비를 들었다 놓았다 하며 "계륵(닭갈비). 계륵."이라고 중얼거렸다.

속시원한 대답도 듣지 못한 채 물러 나온 부하는 참모들을 모아 자초지종을 말했다.

답답한 침묵이 흐르는데 양수란 사람이 입을 열었다.

"곧 철수 명령이 내릴 것이오. 짐을 꾸립시다."

"무턱대고 짐을 꾸려요?"

"먹을 게 별로 없지만 그렇다고 버리기는 아까운 게 계륵이오. 한중 땅이 바로 계륵이란 말이지요. 그러니 곧 돌아가자는 결정을 내리시지 않겠소?"

*鷄 : 닭 계 *肋 : 갈빗대 륵

닭의 갈빗대라는 뜻으로, 그다지 이익은 없으나 버리기는 아깝다는 말.

출전 : 《후한서》 양수전

孤軍奮鬪　고군분투

*孤 외로울 고　*奮 떨칠 분　*鬪 싸움 투

적은 수의 약한 군사가 강한 적과 용감히 싸움.
적은 인원으로 힘에 겨운 일을 그악스럽게 함을 이름.

古今東西　고금동서

*古 예 고　*今 이제 금　*東 동녘 동　*西 서녘 서

이제까지의 모든 시대와 모든 지역.
㉴ 東西古今(동서고금)

孤立無援　고립무원

*立 설 립　*無 없을 무　*援 도울 원

외롭고 도움을 받을 데가 없음.
◆고립무원의 처지임에도 사업에 성공했다.

故事成語　고사성어

*故 연고 **고**　*事 일 **사**　*成 이룰 **성**　*語 말씀 **어**

예부터 전해 오는 유서 깊은 일을 표현한 어구

◈할머니께서는 고사성어를 인용하시곤 한다.

孤城落日　고성낙일

*城 재 **성**　*落 떨어질 **락**　*日 날 **일**

남의 도움이 없이 고립된 상태

고성(孤城)은 같은 편의 도움이 없어 고립된 성을 이름.

姑息之計　고식지계

*姑 시어머니 **고**　*息 쉴 **식**　*計 셀 **계**

당장 편한 것만을 택하는 꾀나 방법

우姑息策(고식책)

苦肉之策　고육지책

*苦쓸 **고**　*肉고기 **육**　*策꾀 **책**

자신의 희생을 무릅쓰고 꾸미는 계책

㊀苦肉之計(고육지계)

孤掌難鳴　고장난명

*掌손바닥 **장**　*難어려울 **난**　*鳴울 **명**

한쪽 손뼉으로는 소리를 내기 어렵다.

혼자만의 힘으로는 일을 하기 어려움을 이름.

苦盡甘來　고진감래

*盡다할 **진**　*甘달 **감**　*來올 **래**

쓴 것이 다하면 단 것이 온다.

고생 끝에 즐거움이 옴을 이름.

고진감래 Every cloud has a silver lining.

曲學阿世　곡학아세

*曲 굽을 **곡** *學 배울 **학** *阿 언덕 **아**

진리에 어그러진 학문으로 세상 사람에게 아첨함.

배운 학문을 왜곡시켜 시류나 이익에 영합함을 이름.

骨肉相爭　골육상쟁

*骨 뼈 **골** *相 서로 **상** *爭 다툴 **쟁**

가까운 피붙이끼리 서로 해치며 싸움.

㉴骨肉相殘(골육상잔)

公明正大　공명정대

*公 공평할 **공** *明 밝을 **명** *正 바를 **정**

하는 일이나 행동이 떳떳하고 바름.

◈그분은 공명정대한 처사로 국민의 신임을 받았다.

空前絶後　공전절후

*空빌 **공** *前앞 **전** *絶끊을 **절** *後뒤 **후**

비교할 만한 것이 전에도 앞으로도 없음.

㈜前無後無(전무후무)

公平無私　공평무사

*公공평할 **공** *平평평할 **평** *私사사 **사**

공평하여 사사로움이 없음.

◆그 주심은 공평무사한 심판으로 칭송을 받았다.

過猶不及　과유불급

*過지날 **과** *猶오히려 **유** *及미칠 **급**

정도를 지나침은 모자람만 못하다.

◆과유불급이란 말을 명심하여 행동에 신중하거라.

과유불급 Too much is as bad as too little.

管鮑之交　관포지교

*管 대롱/주관할 관　*鮑 절인 생선 포

매우 친한 친구 사이의 우정

'관포'는 절친한 친구 사이였던 중국의 '관중'과 '포석'.

刮目相對　괄목상대

*刮 비빌 괄　*目 눈 목　*相 서로 상　*對 대할 대

눈을 비비고 상대방을 본다.

남의 학식이나 재주가 놀랄 만큼 갑자기 는 것을 이름.

廣大無邊　광대무변

*廣 넓을 광　*大 큰 대　*邊 가 변

한없이 넓고 커서 끝이 없음.

◈광대무변의 사막을 한없이 헤맸다.

矯角殺牛　교각살우

*矯 바로잡을 교　*殺 죽일 살　*牛 소 우

소의 뿔을 바로잡으려다 소를 죽인다.
잘못된 점을 고치려다가 그 방법이 지나쳐 일을 그르침.

巧言令色　교언영색

*巧 공교할 교　*言 말씀 언　*令 하여금 령

남에게 아첨하는 말과 태도
◆교언영색을 삼가고 자존심을 지키자.

交友以信　교우이신

*友 벗 우　*以 써 이　*信 믿을 신

믿음으로써 벗을 사귐.
㈀朋友有信(붕우유신)

쇠뿔을 단김에 뺐더니...

무슨 일을 할 때 망설이며 실행을 하지 못하는 경우에
'쇠뿔도 단김에 빼라'고 한다.

쇠뿔을 단김에 빼면 어떤 일이 일어날까?

글쎄, 함부로 뺐다가 낭패를 당할 수도 있다.

잘못하면 소가 낮으로 변해 버리기 때문이다.

서당 일반 서민의 풍속을 사실적이면서도 익살스럽게 그린 단원 김홍도의 대표작이다.

教學相長　교학상장

*教가르칠 교 *學배울 학 *長긴 장

가르치고 배우면서 서로 성장함.

가르쳐도 보아야 학문을 성장시킬 수 있음을 이름.

舊官名官　구관명관

*舊예 구 *官벼슬 관 *名이름 명

경험이 많은 사람이 더 낫다는 말

◈이제 보니 구관명관이란 말이 딱 맞네.

句句節節　구구절절

*句글귀 구 *節마디 절

구절구절마다

◈구구절절 애끓는 심정이 담긴 편지를 받았다.

九死一生　구사일생

*九 아홉 **구**　*死 죽을 **사**　*一 한 **일**　*生 날 **생**

죽을 고비를 여러 차례 겪고 겨우 살아남.

◈전쟁터에서 구사일생으로 살아 돌아왔다.

口尙乳臭　구상유취

*尙 오히려 **상**　*乳 젖 **유**　*臭 냄새 **취**

입에서 아직 젖내가 난다.

말이나 하는 짓이 아직 유치함을 이름.

九牛一毛　구우일모

*牛 소 **우**　*毛 터럭 **모**

아홉 마리 소 가운데 털 하나

썩 많은 것 중의 극히 적은 부분 또는 하찮은 존재를 이름.

구우일모 A drop in the ocean.

九折羊腸　구절양장

*折꺾을 절　*羊양 양　*腸창자 장

양의 창자처럼 길이 꼬불꼬불하고 험함.
◆구절양장의 길을 따라가다 보면 그 절이 나온다.

群鷄一鶴　군계일학

*群무리 군　*鷄닭 계　*鶴학 학

닭의 무리 가운데 낀 한 마리 학
여럿 가운데서 가장 뛰어난 사람을 이름.

君子不器　군자불기

*君임금 군　*子아들 자　*器그릇 기

군자는 어떤 방면에나 능함.
불기(不器)란 인격과 재예를 갖춰 어디에나 능함을 이름.

君子三樂　군자삼락

*三석 **삼**　*樂즐길 **락**

군자의 세 가지 즐거움

◆천하의 수재를 얻어 가르침은 군자삼락의 한 가지이다.

權不十年　권불십년

*權 권세 **권**　*十 열 **십**　*年 해 **년**

아무리 강한 권세라도 오래 가지 못한다는 말.

◆그렇게 큰소리치지만 그래 봤자 권불십년이야.

勸善懲惡　권선징악

*勸 권할 **권**　*善 착할 **선**　*懲 징계할 **징**

착한 일을 권장하고 악한 일을 징계함.

◆우리 고대 소설의 주제는 권선징악이 대부분이다.

권선징악 Good triumphs over evil.

捲土重來　권토중래

*捲거둘 **권**　*土흙 **토**　*重무거울 **중**

한 번 패했다 기운을 차리고 다시 쳐들어옴.

◈비록 사업에 실패했지만 반드시 권토중래하겠다.

克己復禮　극기복례

*克이길 **극**　*己몸 **기**　*復회복할 **복**

사사로운 욕심을 버리고 예의범절을 지킴.

◈사람마다 극기복례하면 아름다운 사회가 되겠지.

近墨者黑　근묵자흑

*近가까울 **근**　*墨먹 **묵**　*者놈 **자**　*黑검을 **흑**

먹을 가까이하면 검어진다.

가까이하는 사람의 영향을 받기 쉬움을 이름.

近朱者赤　　근주자적

*朱붉을 **주**　*赤붉을 **적**

붉은 것을 가까이하는 자는 붉게 된다.
㉴近墨者黑(근묵자흑)

金科玉條　　금과옥조

*金쇠 **금**　*科과목 **과**　*玉구슬 **옥**　*條가지 **조**

귀히 여겨 지키고 받들어야 할 규범이나 교훈
◆한 나라의 헌법은 금과옥조로 존중되어야 한다.

錦上添花　　금상첨화

*錦비단 **금**　*上윗 **상**　*添더할 **첨**　*花꽃 **화**

좋은 것에 더 좋은 것이 더하여짐.
◆공부도 잘하는데 얼굴까지 예쁘니 금상첨화지.

금상첨화 Icing on the cake.

今始初聞　금시초문

*今이제 금 　*始비로소 시 　*初처음 초

이제 비로소 처음 들음.

◆그분이 편찮으시다는 이야기는 금시초문이야.

錦衣夜行　금의야행

*衣옷 의 　*夜밤 야 　*行다닐 행

비단옷을 입고 밤에 다닌다.

자랑 삼아 하지만 생색이 나지 아니함을 이름.

錦衣還鄉　금의환향

*還돌아올 환 　*鄉시골 향

벼슬을 하거나 성공하여 고향에 돌아옴.

◆〈큰바위얼굴〉의 주인공은 금의환향한 사람이 아니었다.

금의환향 Make a glorious return.

金枝玉葉　금지옥엽

*枝 가지 지　*玉 구슬 옥　*葉 잎 엽

임금의 가족이나 귀여운 자손을 이르는 말.

◆금지옥엽으로 기른 딸을 어떻게 멀리 시집보내나.

起死回生　기사회생

*起 일어날 기　*回 돌아올 회

죽음에서 일어나 다시 살아남.

◆꼴찌 팀이 기사회생하여 우승까지 했다.

奇想天外　기상천외

*奇 기특할 기　*想 생각 상　*外 바깥 외

상식을 벗어난 아주 엉뚱한 생각

◆기상천외한 발상이 놀라운 발명품을 낳기도 한다.

起承轉結　기승전결

*承이을 **승**　*轉구를 **전**　*結맺을 **결**

문학 작품의 서술 체계를 구성하는 형식
첫머리는 기, 그 뒤가 승, 뜻을 바꾸는 전, 끝맺음은 결.

기우(杞憂)

중국 기나라에 하늘이 무너지고 땅이 꺼질까 봐 밥도 제대로 못 먹고 잠도 잘 자지 못하는 사람이 살았다.
보다 못한 친구가 말했다.
"이보게, 하늘은 기운으로 이루어진 것이라네. 어찌 그런 하늘이 무너지겠나?"
걱정 많은 사람은 여전히 근심스러운 표정으로 물었다.
"그렇다면 더더욱 해와 달과 별이 떨어질 것이 아닌가?"
"해와 달과 별은 쌓인 기 속에서 빛나고 있는 것일 뿐이야. 설혹 떨어진다 하더라도 다칠 걱정은 없다네."
"그럼 땅이 꺼지면 어떡하나?"
"이보게, 땅은 흙덩이가 쌓인 것이라네. 사방에 흙이 꽉 찬 땅이 꺼질 리는 없네."
그제서야 걱정 많은 사람이 활짝 웃었다.
이처럼 기나라 사람이 공연한 걱정을 했다는 데서, 쓸데없는 걱정을 '기우'라고 일컫게 되었다.

*杞 : 나라 이름 기 *憂 : 근심 우
쓸데없는 걱정.
출전 : 《열자》 천서편

핵심정리
고사성어 뱅크
ㄴ

落花流水　낙화유수

*落떨어질 락　*流흐를 류　*水물 수

떨어지는 꽃과 흐르는 물.

가는 봄의 정경이나 세월의 무상함을 이름.

難攻不落　난공불락

*難어려울 난　*攻칠 공　*不아닐 불

공격하기가 어려워 쉽게 함락되지 않음.

◈그 성은 난공불락의 요새로 이름을 떨쳤다.

亂臣賊子　난신적자

*亂어지러울 란　*臣신하 신　*賊도둑 적

임금을 죽이는 신하와 부모를 해하는 자식.

◈나라가 망하려면 난신적자가 날뛴다.

難兄難弟　난형난제

*兄형 형 *弟아우 제

누가 형이고 누가 동생인지 분간하기 어렵다.
두 사물의 우열을 가리기 어려움을 이름.

南柯一夢　남가일몽

*南남녘 남 *柯가지 가 *夢꿈 몽

꿈과 같이 헛된 한때의 부귀영화
◈그 시절의 행복이 한낱 남가일몽일 줄이야!

南男北女　남남북녀

*男사내 남 *北북녘 북 *女계집 녀

남쪽 지방은 남자가, 북쪽 지방은 여자가 잘났다.
◈남남북녀라더니, 북한 여성들은 정말 아름답더라.

男女老少　남녀노소

*老늙을 로　*少적을 소

남자와 여자, 늙은이와 젊은이. 즉 모든 사람.

◆남녀노소 불문하고 다 좋아하는 불고기.

男女有別　남녀유별

*有있을 유　*別다를/나눌 별

남녀의 사이에 분별이 있다.

◆남녀유별인데 어떻게 한자리에 앉겠어요?

内憂外患　내우외환

*内안 내　*憂근심 우　*患근심 환

나라 안팎의 여러 가지 근심과 걱정

◆작년부터 내우외환이 끊이지 않고 있다.

내우외환 Trouble from within and without.

男子

男(사내 남) **子**(아들 자)

남성. 사내다운 사내.

努力

努(힘쓸 노) 力(힘 력)

목적을 달성하기 위해 애씀.

怒發大發 노발대발

*怒성낼 노 *發필 발 *大큰 대

크게 성을 냄.

◆아버지께서 노발대발하실 게 틀림없다.

勞心焦思 노심초사

*勞일할 로 *焦그을릴 초 *思생각 사

마음으로 애를 쓰며 속을 태움.

◆그렇게 노심초사하는 너의 마음을 알아주겠지.

綠水靑山 녹수청산

*綠푸를 록 *水물 수 *靑푸를 청 *山메 산

푸른 물과 푸른 산

◆녹수청산의 고장.

노익장(老益壯)

후한 광무제 때, 마원이라는 장수가 있었다.
동정호 일대 만족이 반란을 일으켜 광무제의 군대가
전멸하자 마원이 광무제에게 군대를 달라고 나섰다.
"뜻은 훌륭하다만 옹의 나이가……."
"소신의 나이 비록 예순두 살이지만 갑옷을 입고 말
도 탈 수 있으니 어찌 늙었다고 할 수 있겠습니까?"
마원은 말에 훌쩍 뛰어올랐다.
"오, 옹은 기력이 세고 정정하구려."
마원은 군대를 이끌고 나가 반란을 진압했다.
마원은 곧잘 이렇게 말했다.
"대장부는 어려울수록 굳세어야 하고, 늙을수록 건장
해야 한다."
요즘이야 예순둘이면 노인 축에도 들지 못하지만, 당
시로서는, 그것도 무장으로서는 매우 많은 나이였다.

*老 : 늙을 로 *益 : 더할 익 *壯 : 장할 장
늙었으나 기력이 좋고 굳건하다는 말.
출전 : 《후한서》 마원전
유의어 : 노당익장(老當益壯)

노익장 61

綠衣紅裳　녹의홍상

*衣 옷 의　*紅 붉을 홍　*裳 치마 상

연두저고리에 다홍치마

젊은 여자의 고운 옷차림을 이름.

論功行賞　논공행상

*論 논할 론　*功 공 공　*行 다닐 행　*賞 상줄 상

공을 따져서 상을 줌.

◆전투가 끝나면 으레 논공행상이 있게 마련이다.

能小能大　능소능대

*能 능할 능　*小 작을 소　*大 큰 대

모든 일을 두루 잘함.

◆능소능대한 젊은이가 회사에 들어왔다.

핵심정리
고사성어 뱅크
ㄷ

ㄷ

多多益善　다다익선

*多많을 **다** *益더할 **익** *善착할 **선**

많을수록 더욱 좋다.

◆공짜라면 얼마든지 받지. 다다익선이니까.

多事多難　다사다난

*事일 **사** *難어려울 **난**

여러 가지로 일이나 어려움이 많음.

◆다사다난했던 한 해가 저무는구나.

斷金之交　단금지교

*斷끊을 **단** *金쇠 **금** *交사귈 **교**

쇠를 끊을 만한 사귐

매우 친밀한 우정이나 교제를 이름.

다다익선 The more, the better.

단장(斷腸)

진나라의 환온이 촉나라를 정벌하기 위해 양자강 중류의 협곡인 삼협을 지나갈 때 일이다.

한 병사가 새끼 원숭이를 붙잡아 배에 실었다. 어미 원숭이는 필사적으로 배를 따라와, 배가 강기슭에 닿자 서슴없이 배로 뛰어들었다. 그러나 웬일인지 곧바로 숨을 거뒀다.

이상하게 생각한 병사들이 어미 원숭이의 배를 갈라 보니 창자가 토막토막 끊어져 있었다.

환온은 크게 노하여 새끼 원숭이를 배에 실은 병사를 매질한 다음 내쫓아 버렸다.

이 일에서, 창자가 끊어질 정도의 애통한 슬픔이라는 뜻으로 '단장'이라는 말이 쓰이게 되었다.

*斷 : 끊을 단 *腸 : 창자 장
창자가 끊어질 듯한 슬픔이나 괴로움.
출전 : 《세설신어》

斷機之戒　단기지계

*機틀 **기** *戒경계할 **계**

학문을 중도에서 그만두는 데 대한 훈계

맹자의 어머니가 짜던 베를 끊어 아들을 훈계한 데서 유래.

單刀直入　단도직입

*單홑 **단** *刀칼 **도** *直곧을 **직** *入들 **입**

요점이나 본문제의 중심을 곧바로 말함.

◆에둘러 말하지 말고 단도직입으로 말해라.

黨利黨略　당리당략

*黨무리 **당** *利이할 **리** *略간략할/약할 **략**

정당의 이익과 정략

◆당리당략에 치우치지 말고 국민의 뜻을 살피시오.

大驚失色　대경실색

*驚놀랄 **경** *失잃을 **실** *色빛 **색**

몹시 놀라 얼굴빛이 변함.

◆할머니는 아들의 교통사고 소식에 대경실색했다.

大器晚成　대기만성

*器그릇 **기** *晚늦을 **만** *成이룰 **성**

크게 될 사람은 꾸준한 노력으로 늦게 이루어짐.

◆너무 초조해하지 마라. 대기만성이라잖니.

代代孫孫　대대손손

*代대신 **대** *孫손자 **손**

대대로 이어 내려오는 자손

◆대대손손 지켜져 내려오는 경주 최부잣집의 가훈

대기만성 Great talent takes time to ripen.

大同小異　대동소이

*同 한가지 동　*小 작을 소　*異 다를 이

작은 부분에서만 다르고 전체적으로는 같음.

◆네 생각이나 내 생각이나 대동소이해.

大書特筆　대서특필

*書 글 서　*特 특별할 특　*筆 붓 필

특별히 드러나 보이게 큰 글자로 씀.

◆인도네시아의 쓰나미 소식을 대서특필했다.

大義名分　대의명분

*義 옳을 의　*名 이름 명　*分 나눌 분

사람으로서 당연히 지켜야 할 도리와 본분

◆대의명분에 어긋나는 짓을 해서는 안 된다.

桃園結義　　도원결의

*桃 복숭아 **도**　*園 동산 **원**　*結 맺을 **결**

복숭아나무 동산에서 의형제를 맺음.

나라나 사회를 위해 목숨을 걸고 의리로 결의함을 이름.

獨不將軍　　독불장군

*獨 홀로 **독**　*將 장수 **장**　*軍 군사 **군**

잘난 체하며 혼자서 모든 일을 처리하는 사람.

◆독불장군으로 설쳐 대니 남들이 싫어할밖에.

讀書亡羊　　독서망양

*讀 읽을 **독**　*亡 망할 **망**　*羊 양 **양**

글을 읽느라 양을 잃어버렸다는 뜻.

다른 일에 정신을 뺏겨 중요한 일을 소홀히 함을 이름.

同價紅裳　동가홍상

*價값 **가**　*紅붉을 **홍**　*裳치마 **상**

같은 값이면 다홍치마라는 뜻.

같은 값이면 좋은 물건을 가짐을 이름.

冬去日暖　동거일난

*冬겨울 **동**　*去갈 **거**　*日날 **일**　*暖따뜻할 **난**

겨울이 가면 날이 따뜻해진다.

◆동거일난이듯, 고생 끝에 기쁨이 찾아올 거야.

同苦同樂　동고동락

*苦쓸 **고**　*樂즐길 **락**

즐거움과 괴로움을 같이함.

◆동고동락해 온 조강지처.

동고동락 Share the pleasures and pains.

東問西答　동문서답

*問물을 **문**　*西서녘 **서**　*答대답 **답**

묻는 말에 당치도 않은 대답을 함.

◆정신이 어디에 팔렸는지 계속 동문서답만 한다.

同病相憐　동병상련

*病병 **병**　*相서로 **상**　*憐불쌍히 여길 **련**

같은 병을 앓는 사람끼리 서로 가엾게 여김.

어려운 사람끼리 동정하고 돕는 것을 이름.

同床異夢　동상이몽

*床상 **상**　*異다를 **이**　*夢꿈 **몽**

같은 자리에서 자면서 꿈은 서로 다르게 꾼다.

겉으로는 같이 행동하면서 각각 딴생각을 함을 이름.

東(동녘 동) 問(물을 문) 西(서녘 서) 答(대답 답)

동쪽 물음에 서쪽 답이라는 뜻으로,
엉뚱한 대답을 한다는 말.

엄마!
왜 불러?
햄버거 사 주신다고 약속하셨죠?
그래, 가자.
와
야호!
응~
룰루라라
와!
?
휙
맛있겠다!
배추 세일
으~
엄마, 저기 햄버거 가게 있어요.
버거
응, 이걸로 김치 담그면 좋겠지?
어이구, 동문서답!

杜門不出　두문불출

*杜막을 **두**　*門문 **문**　*不아닐 **불**　*出날 **출**

집에만 박혀 있고 밖에 나가지 않음.

◆무슨 생각인지 한 달째 두문불출이다.

斗酒不辭　두주불사

*斗말 **두**　*酒술 **주**　*辭말씀 **사**

말술도 사양하지 않으리만큼 주량이 셈.

◆얼마나 술을 좋아하는지 두주불사한대.

登高自卑　등고자비

*登오를 **등**　*高높을 **고**　*卑낮출 **비**

높은 곳에 오르려면 낮은 데서부터 올라야 한다.

지위가 높아질수록 스스로를 낮춤을 이름.

등용문(登龍門)

'용이 되어 하늘로 올라가는 문'이란 뜻으로 입신출세의 어려운 관문, 운명을 결정짓는 중요한 시험을 비유한다.

중국 황허 강 상류에 용문이라는 협곡이 있는데 그 부근은 물의 흐름이 빨라서 웬만한 물고기들은 거슬러 올라가지 못한다. 하지만 일단 이 급류를 타고 넘어 계곡으로 올라가면 그 물고기는 용이 된다는 전설이 있다.

후한 말 환제 때 이응이라는 청렴결백한 관리가 있었다. 그는 나라를 제멋대로 주무르던 환관들에 맞서 싸워 감옥에 갇히는 등 탄압을 받았으나 끝내 굴복하지 않아 세상 사람들의 칭송을 받았다.

사람들은 그의 추천을 받아 벼슬로 나아가는 것을 '등용문'이라고 일컬었다.

*登 : 오를 등 *龍 : 용 용 *門 : 문 문
용문(龍門)에 오른다는 뜻으로, 입신출세(立身出世)의 관문이나 유력자와의 만남을 일컬음.
출전 : 《후한서》이응전
상대어 : 점액(點額)

燈下不明　등하불명

*燈등 **등** *下아래 **하** *明밝을 **명**

등잔 밑이 밝지 않다.

◆등하불명이라더니 우리 반에 그런 일이 있었는지 몰랐어.

燈火可親　등화가친

*火불 **화** *可옳을 **가** *親친할 **친**

책 읽기에 좋은 계절을 이름.

◆가을은 등화가친의 계절이라 불린다.

핵심정리
고사성어 뱅크
ㅁ

馬耳東風　마이동풍

*馬말 **마** *耳귀 **이** *東동녘 **동** *風바람 **풍**

남의 말을 전혀 귀담아 듣지 않고 흘려버림.

◆그녀에게 아무리 말해도 마이동풍이야.

莫上莫下　막상막하

*莫없을 **막** *上윗 **상** *下아래 **하**

위도 없고 아래도 없다.

◆막상막하의 실력이라 바둑이 쉽게 끝나지 않네.

莫逆之友　막역지우

*逆거스를 **역** *之갈 **지** *友벗 **우**

아주 허물없이 지내는 친구

◆나의 막역지우를 소개합니다.

마이동풍 It goes in one ear and out the other.

萬古江山　만고강산

*萬일만 **만** *古예 **고** *江강 **강** *山메 **산**

오랜 세월 동안 변함이 없는 산천

◆만고강산을 유람했다.

亡國之音　망국지음

*亡망할 **망** *國나라 **국** *音소리 **음**

나라를 망칠 음악

저속하고 잡스러운 음악을 이름.

晩秋佳景　만추가경

*晩늦을 **만** *佳아름다울 **가** *景볕 **경**

늦가을의 아름다운 경치

◆설악산에서 만추가경을 즐겼다.

萬愚節

萬(일만 만) 愚(어리석을 우) 節(마디 절)
가벼운 거짓말로 서로 속이면서 즐기는 날.
양력 4월 1일

"

忘年之交　　망년지교

*忘 잊을 망 *年 해 년 *交 사귈 교

나이에 구애 없이 사귀는 벗

㊀忘年之友(망년지우)

望雲之情　　망운지정

*望 바랄 망 *雲 구름 운 *情 뜻 정

자식이 객지에서 고향의 부모를 그리는 마음

◆망운지정이 사무친 효자.

明鏡止水　　명경지수

*鏡 거울 경 *止 그칠 지 *水 물 수

맑은 거울과 조용한 물

가주 맑고 깨끗한 심경을 이름.

名實相符　명실상부

*實열매 실 *相서로 상 *符부적 부

이름과 실상이 서로 들어맞음.

◆명실상부한 천재로 유명한 아인슈타인

明若觀火　명약관화

*若같을 약 *觀볼 관 *火불 화

불을 보는 것처럼 분명함.

◆그렇게 열심히 했으니 성공은 명약관화하다.

目不識丁　목불식정

*目눈 목 *識알 식 *丁고무래/장정 정

눈으로 고무래를 보고도 丁자임을 모른다.

아주 무식함을 이름. 낫 놓고 기역 자도 모른다.

모순(矛盾)

楚나라의 어떤 상인이 날카로운 창을 들고 외쳤다.
"이 창을 보세요. 얼마나 날카로운 창이란 말입니까."
사람들이 관심을 보이며 모여들자 상인은 신이 나서 말했다.
"이 창은 날카로워서 어떤 방패라도 꿰뚫을 수 있습니다."
그러더니 다른 손에 방패를 들고 말했다.
"이 방패는 견고하여 어떤 창도 막아 낼 수 있지요."
한 노인이 고개를 갸우뚱거리며 물었다.
"그럼 그 창으로 그 방패를 찌르면 어찌 된단 말이오?"
상인은 아무 말도 하지 못했다.
이재부터 앞뒤가 서로 맞지 않는 상태를 '모순'이라고 일컫게 되었다.

*矛 : 창 모 *盾 : 방패 순
창과 방패를 가리키는 뜻으로, 말이나 행동의 앞뒤가 서로 맞지 않음을 이름.
출전 : 《한비자》
유의어 : 이율배반(二律背反), 자가당착(自家撞着)

無所不知　무소부지

*無없을 **무**　*所바 **소**　*知알 **지**

무엇이든지 모르는 것이 없다.

◆꼬마가 얼마나 책을 읽는지 가위 무소부지다.

無所不爲　무소불위

*爲할 **위**　★不은 '아닐 불'로 새긴다. 그러나 뒤에 오는 글자의 첫소리가 ㄷ, ㅈ일 때는 '아닐 부'로 새긴다.

하지 못할 일이 전연 없다.

◆히틀러는 무소불위의 권력을 휘둘렀다.

無爲徒食　무위도식

*徒무리 **도**　*食밥/먹을 **식**

아무 하는 일도 없이 먹고 놀기만 함.

◆멀쩡한 젊은이가 무위도식하다니…….

無爲而化　무위이화

*而어조사 이 　*化될 화

애써 공들이지 않아도 저절로 변해 잘 이루어짐.

성인의 덕이 크면 백성들이 저절로 감화된다는 노자의 사상

無爲自然　무위자연

*自스스로 자 　*然그럴 연

사람의 손을 더하지 않은 그대로의 자연

◆무위자연의 비경(秘境)을 간직하고 있는 금강산

無知莫知　무지막지

*莫없을 막

매우 무지하고 우악스러움.

◆무지막지하게 덤벼드는 통에 두 손 들었지.

刎頸之交　　문경지교

*刎목 벨 문　*頸목 경　*交 사귈 교

삶과 죽음을 같이하는 깊은 우정

㉴管鮑之交(관포지교)　㉴斷金之交(단금지교)

文房四友　　문방사우

*文 글월 문　*房 방 방　*四 넉 사

서재에 있어야 할 네 벗인 종이, 붓, 먹, 벼루

㉴文房四寶(문방사보)　㉴紙筆硯墨(지필연묵)

聞一知十　　문일지십

*聞 들을 문　*一 한 일　*知 알 지

한 가지를 들으면 열 가지를 미루어 앎.

㉴擧一明三(거일명삼)

문하(門下)

수나라에 시(詩), 서(書), 예(禮), 악(樂)에 두루 능통한 왕통이라는 유학자가 있었다.

그는 일찌감치 벼슬길에 나아갈 생각을 거두고 자신의 학문을 다른 사람에게 가르쳐 뛰어난 인재를 키우는 데 힘쓰기로 했다.

그가 하분이라는 곳에 집을 마련하자, 많은 사람들이 찾아와 그의 제자가 되기를 원했다. 그중에는 훗날 당나라 때 유명한 인물이 된 방현령, 위징, 정원, 이정 등도 포함되어 있었다.

당시 이름난 문인들이 왕통의 집으로 모여들자 사람들은 이를 '하분문하(河汾門下)'라고 불렀다.

여기서 가르침을 받으려고 스승의 집에 드나드는 사람이란 의미로 '문하(생)'라는 말을 사용하게 되었다. 둔하는 문하생이 드나드는 스승의 집, 또는 그 스승의 아래란 뜻으로도 사용된다.

*門 : 문 문 *下 : 아래 하
가르침을 받기 위해 스승의 집에 드나드는 사람.

물의(物議)

한나라 무제 때 사기경이라는 사람은 자유분방한 생활로 유명했다. 어느 날 잔칫집에 들렀다 돌아가던 사기경의 눈에 술집 하나가 들어왔다. 그날은 술이 부족했던 터라 그는 일행과 함께 술판을 벌였다. 술판이 얼마나 요란했던지 사람들이 구름처럼 모여들 정도였다.

얼마 후에 사기경은 지방 토벌에 나갔다가 실패했다는 이유로 파면당했다. 파면된 진짜 이유는 그간의 무분별하고 방탕한 생활 때문이었다.

그는 고향에 돌아와서도 친구와 함께 자유로운 생활을 마음껏 즐겼는데, 덮개가 없는 수레를 타고 들판을 노니는 등 세상의 평판, 즉 물의에 전혀 신경을 쓰지 않았다.

여기에서, 어떤 사람의 좋지 않은 행동을 이야기할 때 '물의'라는 말을 쓰게 되었으며, 흔히 '물의를 일으키다', '물의를 빚다'라는 말로 사용되고 있다.

*物 : 물건 물 *議 : 의논할 의
세상 사람들의 평판, 비난.
출전 : 《한서》 사기경전

門前成市　문전성시

*門문 **문** *成이룰 **성** *市저자 **시**

부자나 권세가의 집 앞이 방문객으로 시장을 이룸.

◆승진을 축하하려는 사람들로 문전성시를 이뤘다.

物我一體　물아일체

*物물건 **물** *我나 **아** *體몸 **체**

물질과 나, 객관과 주관의 구별 없이 하나가 됨.

◆오랜 고행 끝에 물아일체의 경지에 이르렀다.

尾生之信　미생지신

*尾꼬리 **미** *生날 **생** *信믿을 **신**

융통성 없이 약속만을 굳게 지킴을 이름.

약속을 지키다 물에 빠져 죽은 미생(尾生)의 고사에서 유래.

美風良俗　　미풍양속

*美 아름다울 **미**　*良 어질 **량**　*俗 풍속 **속**

아름답고 좋은 풍속

◆우리의 미풍양속이 갈수록 훼손되고 있다.

핵심정리
고사성어 뱅크
ㅂ

ㅂ

博覽强記　박람강기

*覽볼 람　*强강할 강　*記기록할 기

널리 여러 가지 책을 많이 읽고 잘 기억함.

박람(博覽)은 책을 많이 읽음 또는 사물을 널리 봄.

博而不精　박이부정

*博넓을 박　*精정할 정

널리 알되 정밀하지 못함.

◆그의 학식은 박이부정하다고 할 수 있지.

博學多識　박학다식

*學배울 학　*多많을 다　*識알 식

학문이 넓고 식견이 많음.

◆그 노인의 박학다식함은 놀라울 정도였다.

發明

發(필 발) 明(밝을 명)
물건이나 기술을 새로 만들어 내는 일.

比較

比(견줄 비) 較(견줄 교)
둘 이상의 것을 견주어 보는 일.

半信半疑　반신반의

*半반 **반**　*信믿을 **신**　*疑의심할 **의**

반쯤은 믿고 반쯤은 의심함.

◆하도 엄청난 일이라 반신반의했는데 사실이란다.

拔本塞源　발본색원

*拔뺄 **발**　*本근본 **본**　*塞막을 **색**　*源근원 **원**

폐단의 근원을 아주 뽑아서 없앰.

◆다시는 부정을 저지르지 않도록 발본색원해야 한다.

傍若無人　방약무인

*傍곁 **방**　*若같을 **약**　*人사람 **인**

남을 업신여기고 거리낌 없이 함부로 행동함.

◆그같이 방약무인한 사람은 처음 본다.

方圓曲直　방원곡직

*方 모 **방**　*圓 둥글 **원**　*曲 굽을 **곡**　*直 곧을 **직**

모나고 둥글고 굽고 곧음.

곡직(曲直)은 사리의 옳고 그름을 이르기도 한다.

倍達民族　배달민족

*倍 곱 **배**　*達 통달할 **달**　*族 겨레 **족**

우리 민족을 이르는 말.

배달은 배달나라의 준말로 상고 시대의 우리나라의 칭호.

背水之陣　배수지진

*背 등 **배**　*水 물 **수**　*之 갈 **지**　*陣 진 칠 **진**

물을 등지고 치는 진. 줄여서 배수진이라고도 함.

어떤 일에 죽기를 각오하고 정면으로 맞서는 것을 이름.

百年大計　백년대계

*百일백 **백** *年해 **년** *計셀 **계**

먼 장래를 내다보고 세우는 계획

◈나라의 백년대계를 세웠다.

百年河淸　백년하청

*河물 **하** *淸맑을 **청**

중국의 황하가 늘 흐려 맑을 때가 없다는 뜻

아무리 기다려도 일이 해결될 가망이 없음을 이름.

百萬長者　백만장자

*萬일만 **만** *長긴 **장** *者놈 **자**

재산이 매우 많은 사람

◈백만장자라고 해서 모두 행복한 것은 아니다.

배수진(背水陣)

한의 고조 유방이 제위에 오르기 2년 전의 일이다. 명장 한신은 유방의 명을 받들어 위나라를 무찌른 후 조나라로 진격했다.

한신이 이끄는 수만의 병사가 쳐들어온다는 소식을 들은 조나라는 그보다 몇 배가 많은 군사 20만 명을 동원하여 방어선을 구축했다.

한신은 기병 2천 명을 조나라의 성 바로 뒤편에 매복시키고는, '한나라 군을 쫓느라 조나라 군이 성을 비운 틈을 타서 한나라의 깃발을 꽂을 것'을 지시했다. 또한 병사 1만 명에게는 정형 어귀에서 강을 등지고 진을 치게 했다.

날이 밝자 한신은 대장기를 세우고 성으로 향했다. 조나라 군은 기다렸다는 듯 한나라 군을 공격했고, 한신이 후퇴하자 성을 비운 채 한나라 군의 뒤를 쫓았다.

이내 뒤에 강을 두게 된 한나라 병사들은 죽을 힘을 다해 조나라 군에 대항했다.

거센 저항에 지친 조나라 군이 성으로 돌아가려고 했으나 성에는 이미 매복해 있던 한나라 기병들이 꽂은 한나라의 깃발이 펄럭이고 있었다.

승리를 축하하는 자리에서 부하들이 한신에게 조심스
럽게 물었다.

"병법에 이르기를, 진을 칠 때는 산을 뒤에 두고 물을
앞에 둔다고 하였습니다. 그런데 장군께서는 도리어
물을 뒤에 두었습니다. 그것은 무슨 까닭입니까?"

한신이 대답했다.

"병법에는 사지(死地)에 빠져야만 살 길을 찾는다는
말 또한 있지 않은가? 우리 군은 훈련을 제대로 받지
못한 병사들이 대부분이니, 만약 빠져나갈 수 있는
곳이었다면 많은 병사들이 도망쳐 버렸을 것이네."

여기에서, '배수진'이라는 말이 죽기를 각오하고 결
사적인 각오로 일에 임한다는 뜻으로 쓰이게 되었다.

*背 : 등 배 *水 : 물 수 *陣 : 진 칠 진
물을 등지고 진을 친다는 뜻으로, 어떤 일에 결사
의 각오로 임한다는 말.
출전 : 《사기》 회음후열전

白面書生　백면서생

*白흰 백　*面낯 면　*書글 서

글만 읽고 세상일에 경험이 없는 사람

◆남편이 백면서생이니 아내가 고생스럽지.

百發百中　백발백중

*發필 발　*中가운데 중

백 번 쏘아 백 번 맞힘. 하는 일마다 잘됨.

◆우리 양궁 선수들이 백발백중의 실력을 자랑했다.

白衣民族　백의민족

*衣옷 의　*民백성 민　*族겨레 족

예부터 흰 옷을 즐겨 입은 우리 민족을 이름.

◆우리는 백의민족이라 불릴 만큼 흰 옷을 사랑했다.

백발백중　A hundred hits to a hundred shots.

백미(白眉)

위·촉·오 세 나라가 패권을 다투던 삼국 시대, 촉 나라 유비에게는 마량이라는 뛰어난 참모가 있었다. 마량은 제갈량과 절친한 사이였으며, 덕성과 지모가 뛰어나 남쪽 변방의 오랑캐 무리를 평정하는 등 큰 활약을 펼쳤다.

마량은 태어날 때부터 눈썹에 흰 털이 섞여 있어, '백미(白眉)'라고 불렸다. 사람들은 "마씨네 오 형제가 도두 뛰어나지만 그중에서도 백미가 가장 훌륭하다."고 말하곤 했다.

'백미'는 여럿의 사람들 중 가장 뛰어난 사람을 일컫는 말이 되었으며, 지금은 뛰어난 작품을 이야기할 때도 '백미'라는 말을 사용하고 있다.

*白 : 흰 백 *眉 : 눈썹 미

흰 눈썹이라는 뜻으로, 여럿 가운데 가장 뛰어난 사람을 이름.

출전 : 《삼국지》 마량전

유의어 : 압권(壓卷), 군계일학(群鷄一鶴)

「이순신은 백의종군까지 하며
백절불굴의 정신으로 왜군을
물리친 민족의 영웅이다.」

白衣從軍　백의종군

*從좇을 종　*軍군사 군

벼슬 없이 군대를 따라 싸움터에 나감.

◆충무공 이순신은 나라를 구하고자 백의종군했다.

百折不屈　백절불굴

*折꺾을 절　*屈굽힐 굴

어떤 난관에도 굽히지 않고 이겨 나감.

㈜百折不撓(백절불요)

伯仲之勢　백중지세

*伯맏 백　*仲버금 중　*勢형세 세

서로 우열을 가리기 힘든 형세

㈜伯仲之間(백중지간)

變化無雙　변화무쌍

*變변할 변　*化될 화　*雙짝 쌍

변화가 많거나 심하여 종잡을 수 없음.

◈우리는 그의 변화무쌍한 태도에 실망했다.

別有天地　별유천지

*別다를/나눌 별　*有있을 유　*地따 지

인간 세계나 속세에서 벗어난 신비하고 복된 세상

㈜別天地(별천지)

兵家常事　병가상사

*兵병사 병　*家집 가　*常떳떳할 상　*事일 사

실패는 흔히 있는 일이니 낙심할 것 없다는 말

◈한 번 실수는 병가상사니 마음 쓰지 마세요.

伏地不動　복지부동

*伏엎드릴 복 *動움직일 동

땅에 엎드리고 움직이지 않는다.
책임을 추궁당하지 않으려고 몸을 사리는 태도를 이름.

富貴在天　부귀재천

*富부자 부 *貴귀할 귀 *在있을 재

부귀는 하늘에 달렸다.
부자가 되거나 높은 지위에 오르는 것은 운명이라는 말

父爲子隱　부위자은

*父아비 부 *子아들 자 *隱숨을 은

아버지가 자식을 위해 자식의 허물을 숨김.
◈부위자은은 인지상정이다.

父傳子傳　부전자전

*傳전할 전

대대로 아버지가 아들에게 전함.
아버지와 자식이 서로 비슷함을 이름.

不知其數　부지기수

*知알 지　*其그 기　*數셈 수

너무 많아서 그 수효를 알 수 없음.
◆폭설이 내려 지각생이 부지기수다.

夫唱婦隨　부창부수

*唱부를 창　*婦며느리 부　*隨따를 수

남편이 인도하고 아내가 따른다.
부부 사이의 도리를 이르는 말

부전자전 Like father, like son.

北窓三友　북창삼우

*北북녘 북 *窓창 창 *三석 삼 *友벗 우

북쪽 창의 세 벗, 즉 거문고와 술과 시

◆당나라의 시인 백거이는 북창삼우를 즐겼다.

不可思議　불가사의

*可옳을 가 *思생각 사 *議의논할 의

사람의 생각으로는 미치지 못할 만큼 이상야릇함.

◆세계 7대 불가사의 중 하나인 이집트의 피라미드

不問可知　불문가지

*問물을 문 *知알 지

묻지 않아도 알 수 있음.

◆초라한 차림새를 보니 형편이 어떤지 불문가지다.

不眠症

不(아닐 불) 眠(잘 면) 症(증세 증)
밤에 잠을 잘 자지 못하는 증세.

不問曲直　불문곡직

*曲굽을 **곡** *直곧을 **직**

옳고 그른 것을 묻지 않고 함부로 마구 함.

◈불문곡직 화부터 내니 어안이 벙벙했다.

不遠千里　불원천리

*遠멀 **원** *千일천 **천** *里마을 **리**

천리를 멀다고 여기지 않음.

◈불원천리 찾아온 사람을 문전박대하다니…….

不恥下問　불치하문

*恥부끄러울 **치** *下아래 **하**

아랫사람에게 배우는 것을 부끄러워하지 않음.

◈어른이라도 컴퓨터에 대해서는 불치하문해야 한다.

불원천리 Visit me from so far away.

鵬程萬里　붕정만리

*鵬붕새 붕 *程한도/길 정 *萬일만 만

머나먼 여행길. 앞길이 넓고 희망찬 장래

◆붕정만리의 큰 꿈을 안고 유학길에 올랐다.

非一非再　비일비재

*非아닐 비 *一한 일 *再두 재

(같은 종류의 현상이) 한두 번이 아님.

◆연말연시에는 음주 운전 사고가 비일비재하다.

貧者一燈　빈자일등

*貧가난할 빈 *者놈 자 *燈등 등

가난한 사람의 한 개의 등불

물질이 많고 적음보다 정성이 소중함을 이름.

붕정만리　A long journey.

不完全

不(아닐 불) 完(완전할 완) 全(온전 전)

완전하지 않음.

氷山一角　빙산일각

*氷얼음 **빙** *山메 **산** *角뿔 **각**

어떤 사물의 극히 일부의 현상

◆그 사건은 그가 저지른 범죄의 빙산일각일 뿐이다.

氷炭之間　빙탄지간

*炭숯 **탄** *之갈 **지** *間사이 **간**

얼음과 숯처럼 서로 용납될 수 없는 사이

㈜犬猿之間(견원지간)

빙산일각 The tip of an iceberg.

핵심정리
고사성어 뱅크
ㅅ

ㅅ

四顧無親　사고무친

*四넉 **사** *顧돌아볼 **고** *親친할 **친**

주위를 둘러봐도 의지할 만한 사람이 없음.

◈그 소녀는 사고무친의 처량한 신세를 한탄했다.

四大六身　사대육신

*大큰 **대** *六여섯 **륙** *身몸 **신**

두 팔, 두 다리, 머리, 몸뚱이. 온몸을 이름.

◈그렇게 사대육신이 멀쩡한 사람이 구걸을 해?

四面楚歌　사면초가

*面낯 **면** *楚나라 **초** *歌노래 **가**

주위에 온통 적들만 있고 도와주는 이가 없음.

◈내 편은 아무도 없으니 사면초가라네.

사면초가 Find oneself between the devil and the deep blue sea.

四面楚歌

四(넉 사) 面(낯 면) 楚(나라 초) 歌(노래 가)

누구의 도움도 받을 수 없는 곤란한 상황에 있음.

사족(蛇足)

옛날 초나라의 어떤 사람이 제사를 마친 뒤에 술 한 잔을 하인들 앞에 내놓았다.
그러자 한 하인이 제안했다.
"술 한 잔을 나누어 마시다가는 간에 기별도 안 가겠네. 차라리 뱀을 가장 빨리 그리는 사람에게 술을 몰아 주는 것이 어떻겠나?"
하인들은 땅바닥에 뱀을 그리기 시작했다.
잠시 후에 한 하인이 술잔을 들고 말했다.
"이 술은 내 것이네. 훌륭하지? 발도 있고."
그러자 막 뱀 그리기를 끝마친 다른 하인이 재빨리 술잔을 빼앗아 단숨에 마셔 버렸다.
"세상에 발 달린 뱀도 있나?"
술잔을 빼앗긴 하인은 발을 동동 구르며 후회했다.

*蛇 : 긴 뱀 사 *足 : 발 족
뱀의 발을 그려 넣는다는 뜻으로, 쓸데없는 짓을 하여 일을 그르친다는 말.
출전 : 《전국책》
유의어 : 화사첨족(畵蛇添足)

沙上樓閣　　사상누각

*沙모래 사　*樓다락 루　*閣누각 각

기초가 약해 오래 견디지 못할 일이나 물건

◆애써 해 온 일이 사상누각이었을 줄이야!

死生決斷　　사생결단

*死죽을 사　*決결단할 결　*斷끊을 단

죽고 사는 것을 돌보지 않고 끝장을 냄.

◆이제는 사생결단하는 수밖에 없다.

四書三經　　사서삼경

*書글 서　*三석 삼　*經지날/글 경

논어 · 맹자 · 중용 · 대학, 시경 · 서경 · 주역

◆어려서 사서삼경을 뗀 신동으로 이름이 자자했다.

사상누각 Castles in the air.

四通八達　　사통팔달

*通통할 통　*八여덟 팔　*達통달할 달

이리저리 사방으로 통함.

㊤四通五達(사통오달)

事必歸正　　사필귀정

*必반드시 필　*歸돌아갈 귀　*正바를 정

모든 일은 바른 데로 돌아감.

◆그가 금메달을 딴 것은 사필귀정이다.

山紫水明　　산자수명

*紫자줏빛 자　*水물 수　*明밝을 명

산수의 경치가 썩 좋음.

㊤山明水紫(산명수자)

사필귀정 Things will work out all right.

설마 설마 했더니 썰매가…

해마다 겨울이면 어김없이 등장하는 산타 할아버지.

루돌프 사슴이 끄는 썰매에 선물을 싣고 하얀 설원을 달리는 산타 할아버지의 모습에 절로 기분이 설렌다.

썰매란 말은 설마 설마 하다 생겨난 말이라고 한다.

설마……? 사실이다.

예전에는 말에 수레를 매달아 달리게 했다. 눈 설(雪), 말 마(馬), 즉 설마(雪馬). 눈 위를 달리는, 말이 끄는 수레가 썰매이다.

설마 설마 하다 보니 썰매가 된 것이다.

山戰水戰　산전수전

*戰싸움 전

온갖 고생과 어려움을 겪어서 쌓은 경험.

◆산전수전 다 겪었는데 두려울 일이 뭐가 있겠어?

山川草木　산천초목

*川내 천 *草풀 초 *木나무 목

산과 물과 풀과 나무. 자연을 일컬음.

◆산천초목이 다 떨 만큼 기세가 등등했다.

山海珍味　산해진미

*海바다 해 *珍보배 진 *味맛 미

산과 바다의 산물을 다 갖추어 잘 차린 음식

◆생일날 산해진미가 가득한 밥상을 받았다.

殺身成仁　　살신성인

*殺죽일 **살**　*成이룰 **성**　*仁어질 **인**

올바른 일을 위해 자신을 희생함.

◆물에 빠진 사람을 구해 낸 살신성인의 정신

三綱五倫　　삼강오륜

*綱벼리 **강**　*五다섯 **오**　*倫인륜 **륜**

삼강(군위신강 · 부위자강 · 부위부강)과 오륜

오륜은 군신유의 · 부자유친 · 부부유별 · 장유유서 · 붕우유신

三三五五　　삼삼오오

*三석 **삼**　*五다섯 **오**

서넛 또는 대여섯이 무리지어 다니거나 일하는 모양

◆삼삼오오 짝을 지어 흩어졌다.

살신성인 Sacrifice oneself for the sake of something good.

三旬九食　　삼순구식

*旬열흘 순　*九아홉 구　*食밥/먹을 식

30일 동안 아홉 끼니를 먹는다.

몹시 가난함을 이름.

三十六計　　삼십육계

*十열 십　*六여섯 륙　*計셀 계

형편이 불리할 때는 달아나는 것이 상책이란 말

◆이럴 때는 삼십육계 줄행랑이 최고야.

三人成虎　　삼인성호

*人사람 인　*成이룰 성　*虎범 호

근거 없는 말도 여럿이 하면 곧이듣게 됨을 이름.

㉤市虎(시호)

삼십육계 The wisest thing to do now is to run away.

三尺童子　삼척동자

*尺자 **척** *童아이 **동** *子아들 **자**

키가 석 자에 지나지 않는 어린아이

◆세종은 삼척동자도 다 아는 조선의 임금이다.

相扶相助　상부상조

*相서로 **상** *扶도울 **부** *助도울 **조**

서로서로 도움.

◆상부상조의 미덕을 베풀자.

上通下達　상통하달

*上윗 **상** *下아래 **하** *達통달할 **달**

위아래로 명령이나 의사가 잘 통함.

◆전 직원 간에 상통하달이 이루어지고 있다.

生面不知　생면부지

*生날 생 *面낯 면 *不아닐 부 *知알 지

서로 만나 본 일이 없어 도무지 모르는 사이

◆생면부지의 사람에게 말을 붙였다.

生不如死　생불여사

*如같을 여 *死죽을 사

삶이 죽음만 못하다.

몹시 곤란한 지경에 빠져 있음을 이름.

先見之明　선견지명

*先먼저 선 *見볼 견 *明밝을 명

일을 미리 짐작하는 밝은 지혜

◆만덕은 뛰어난 선견지명 덕분에 부자가 되었다.

先公後私　　선공후사

*公공평할 **공** *後뒤 **후** *私사사 **사**

공적인 일을 먼저 하고 사사로운 일을 뒤로 돌림.

◆내 일도 급하지만 선공후사하는 게 마땅하지.

善男善女　　선남선녀

*善착할 **선** *男사내 **남** *女계집 **녀**

착하고 어진 사람들

곱게 단장한 사람들, 불교에 귀의한 사람들을 이르기도 함.

宣戰布告　　선전포고

*宣베풀 **선** *布베/펼 **포** *告고할 **고**

남에게 대하여 도전할 뜻을 밝힘.

◆대한민국 임시 정부는 일본에게 선전포고를 했다.

稅金

稅(세금 세) 金(쇠 금)
국가나 지방 공공 단체가 국민, 주민들로부터
강제로 거두어들이는 금전.

仙風道骨　선풍도골

*仙신선 선　*風바람 풍　*道길 도　*骨뼈 골

신선의 풍채와 도사의 골격

◆그는 선풍도골의 모습으로 좌중을 압도했다.

雪上加霜　설상가상

*雪눈 설　*加더할 가　*霜서리 상

눈 위에 서리가 내림. 불행이 잇달아 일어남.

◆일자리를 잃은 터에 설상가상으로 병까지 얻었다.

說往說來　설왕설래

*說말씀 설　*往갈 왕　*來올 래

서로 변론하느라고 옥신각신함.

◆그 일에 대해 설왕설래했으나 결론을 내리지 못했다.

설상가상 Out of the frying pan into the fire.

束手無策　속수무책

*束 묶을 **속**　*手 손 **수**　*策 꾀 **책**

손을 묶인 듯이 어찌할 도리가 없음.

◆속수무책으로 지켜보는 심정이 오죽하랴.

速戰速決　속전속결

*速 빠를 **속**　*戰 싸움 **전**　*決 결단할 **결**

싸움을 오래 끌지 않고 빨리 결판을 냄.

㉺速戰卽決(속전즉결)

送舊迎新　송구영신

*送 보낼 **송**　*舊 예 **구**　*迎 맞을 **영**　*新 새 **신**

묵은 해를 보내고 새해를 맞음.

㉰送迎(송영)

송구영신 See the old year out and the new year in.

水魚之交　　수어지교

*水 물 수　*魚 고기/물고기 어　*交 사귈 교

매우 친밀하여 떨어질 수 없는 사이

◆그녀와 나는 어느새 수어지교의 관계가 되었다.

脣亡齒寒　　순망치한

*脣 입술 순　*亡 망할 망　*齒 이 치　*寒 찰 한

입술이 없으면 이가 시리다.

가까운 사이의 하나가 망하면 다른 하나도 그 영향을 받음.

順天者存　　순천자존

*順 순할 순　*天 하늘 천　*者 놈 자　*存 있을 존

천명을 따르면 번영을 누린다.

⑲逆天者亡(역천자망)

是是非非　　시시비비

*是이/옳을 **시** *非아닐 **비**

옳고 그름을 따짐.

◆모든 일에 시시비비를 가리는 깐깐한 성격이다.

識字憂患　　식자우환

*識알 **식** *字글자 **자** *憂근심 **우** *患근심 **환**

학식이 있는 것이 도리어 근심을 사게 됨.

◆식자우환이란 말도 있다시피 모르는 게 약이다.

信賞必罰　　신상필벌

*信믿을 **신** *賞상줄 **상** *罰벌할 **벌**

상과 벌을 공정하고 엄중하게 함.

◆군대에서는 신상필벌을 철저히 지킨다.

식자우환 Ignorance is bliss.

식언(食言)

중국 하나라 걸왕이 폭정을 일삼자, 은나라의 탕왕이 하나라를 정벌하기로 하고, 영지인 박 땅에서 백성들에게 말했다.

"걸왕을 응징하려고 하니 그대들도 나를 따르라. 나를 따르는 자에게는 큰 상을 주리라. 나는 한번 뱉은 말은 다시 삼키지(식언) 않는다."

한편, 노나라의 왕 애공을 위해 계강자와 맹무백이란 두 대신이 베푼 축하연에서 맹무백이 애공의 어자인 곽중을 보고 살이 많이 쪘다고 놀렸다.

그러자 애공이 말했다.

"그야 말을 많이 먹었으니 살이 찔 수밖에 없지 않소."

언젠가 계강자와 맹무백이 애공의 험담을 하는 것을 곽중이 듣고 그 얘기를 애공에게 전한 적이 있었다. 괘씸하게 생각하고 있던 애공이 계강자와 맹무백을 넌지시 꼬집은 것이다.

*食 : 밥/먹을 식   *言 : 말씀 언

한번 입 밖에 낸 말을 다시 입속에 넣는다는 말로 약속을 지키지 않는 경우를 이름.

출전 : 《서경》 탕서, 《춘추좌씨전》

상대어 : 이목지신(移木之信)

새가 눈이 멀면 ○○○가 된다.

새는 동물 중에서도 시력이 좋은 것으로 유명하다. 다른 기능이 상대적으로 약한 데 비해 시력이 뛰어나 먹이를 잡는 데도 유리하고 위험을 피하는 데도 유리하다.

그런 새가 눈을 잃게 된다면 어떤 일이 일어날까?

까마귀가 되어 버린다.

한자를 잘 살펴보면 고개가 끄덕여질 것이다.

鳥 → 烏

身言書判　　신언서판

* 身몸 신　* 言말씀 언　* 書글 서　* 判판단할 판

옛날에 인물을 고르는 표준으로 삼던 네 가지 조건
용모, 말씨, 글재주와 글씨, 사물에 대한 판단력을 이름.

身土不二　　신토불이

* 土흙 토　* 不아닐 불　* 二두 이

제 땅에서 난 것이라야 체질에 맞는다는 말.
◈요즘은 신토불이를 내세운 상품이 인기가 높다.

實事求是　　실사구시

* 實열매 실　* 事일 사　* 求구할 구　* 是옳을 시

사실을 바탕으로 옳은 것을 구함.
◈추사 김정희는 실사구시를 학문의 방법으로 삼았다.

實驗

實(열매 실) 驗(시험 험)

실제로 해 봄. 어떤 현상을 관찰하고 측정하는 일.

深思熟考　심사숙고

*深 깊을 심 　*熟 익힐 숙 　*考 생각할 고

깊이 생각하고 익히 생각함.

◆네 앞날이 걸린 문제이니 심사숙고해서 결정해라.

十匙一飯　십시일반

*十 열 십 　*匙 숟가락 시 　*飯 밥 반

여럿이 힘을 합하면 한 사람을 돕기 쉽다는 말

◆십시일반으로 얼마씩 내어 독거노인을 도왔다.

十日之菊　십일지국

*日 날 일 　*之 갈 지 　*菊 국화 국

10일의 국화는 때가 늦다. 이미 때가 늦음을 이름.

국화의 날은 9월 9일. 다음 날인 10일은 벌써 늦었다는 뜻.

십시일반 Every little bit helps.

十中八九　　십중팔구

*中가운데 중　*八여덟 팔　*九아홉 구

열 가운데 여덟이나 아홉

◆십중팔구 그의 짓인 게 틀림없다.

십중팔구 In nine cases out of ten.

핵심정리
고사성어 뱅크
ㅎ
엄마

我田引水　아전인수

*我나 아 *田밭 전 *引끌 인

자기 논에 물을 댄다.
무슨 일을 자기에게 이로운 대로만 함을 이름.

惡事千里　악사천리

*惡악할 악 *事일 사 *千일천 천 *里마을 리

나쁜 일은 그 소문이 빠르게 멀리 퍼진다.
◆그 소식을 벌써 들었어? 악사천리라는 말이 맞네.

惡戰苦鬪　악전고투

*戰싸움 전 *苦쓸 고 *鬪싸움 투

죽을힘을 다하여 고되게 싸움.
◆병력도 부족하고 날씨마저 나빠 악전고투했다.

아전인수 Every miller draws water to his own mill.

安分知足　안분지족

*安편안 **안** *分나눌 **분** *足발 **족**

편안한 마음으로 제 분수를 지키며 만족할 줄 앎.

◆그만하면 안분지족할 줄 알아야지.

安貧樂道　안빈낙도

*貧가난할 **빈** *樂즐길 **락** *道길 **도**

가난한 가운데 분수를 지키며 편안하게 지냄.

◆안빈낙도하는 행복한 삶.

眼下無人　안하무인

*眼눈 **안** *下아래 **하** *無없을 **무** *人사람 **인**

사람을 업신여기고 교만함.

◆부잣집 도련님이라 그런지 안하무인이다.

愛國愛族　애국애족

*愛사랑 애　*國나라 국　*族겨레 족

제 나라와 제 겨레를 사랑함.

◆안중근 의사는 애국애족의 정신이 투철했다.

愛人如己　애인여기

*人사람 인　*如같을 여　*己몸 기

남을 사랑하기를 제 몸같이 함.

◆애인여기하는 애타심

藥房甘草　약방감초

*藥약 약　*房방 방　*甘달 감　*草풀 초

어떤 일에나 빠짐없이 끼어드는 사람

◆그 아주머니는 약방감초라 동네 사람들이 싫어했다.

「한국이 독립하고 동양의 평화를 찾기 위해서는 먼저 민족의 큰 적인 이토 히로부미를 없애야 한다고 나는 확신하였다. 또한 나라가 욕을 당하면 백성은 죽어야 당연한 것이라고 믿기에 이 일을 결심했다. 너희들은 나를 단순한 죄인으로 다룰 것이 아니라, 국제법에 의한 포로로 대해 주기 바란다.」

—이토 히로부미를 사살하고 법정에 섰을 때 한 말

양이 살찌면 ○○○○진다.

요즘은 통통하게 살이 찌기보다 지나치리만큼 날씬한 몸매를 좋아하는 사람들이 많다. 다이어트 관련 산업이 호황을 누리는 것으로도 요즘의 세태를 알 수 있다.

동물들도 그럴까? 글쎄….

다른 동물은 모르겠고, 양만큼은 살이 쪄야 한다. 왜?

살이 찌면 아름다워지니까.

$$羊 + 大 = 美$$

弱肉強食　약육강식

*弱약할 약 *肉고기 육 *強강할 강 *食밥 식

약한 자는 강한 자에게 먹힘.
◆자연계는 약육강식의 세계이기도 하다.

羊頭狗肉　양두구육

*羊양 양 *頭머리 두 *狗개 구

양의 대가리를 걸어 놓고 개고기를 팖.
겉으로는 그럴듯하게 내세우나 속은 변변치 않음을 이름.

梁上君子　양상군자

*梁들보 량 *上윗 상 *君임금 군

도둑을 점잖게 이르는 말
후한의 진식이 들보 위에 숨은 도둑을 가리켜 한 말임.

양육강식 The law of the jungle.

良藥苦口　　양약고구

*良 어질 량 *苦 쓸 고 *口 입 구

좋은 약은 입에 쓰다.
충언(忠言)은 귀에 거슬림을 이름.

兩者擇一　　양자택일

*兩 두 량 *者 놈 자 *擇 가릴 택 *一 한 일

둘 가운데서 하나를 가려 잡음.
◈돈이냐, 사랑이냐? 양자택일해라.

養虎遺患　　양호유환

*養 기를 양 *虎 범 호 *遺 남길 유 *患 근심 환

호랑이를 길러 근심거리를 남긴다.
화근을 길러서 후에 화를 입게 됨을 이름.

양약고구 A good medicine tastes bitter.

魚東肉西　어동육서

*魚 고기/물고기 어 *東 동녘 동 *西 서녘 서

제사상 차림에 생선은 동쪽, 고기는 서쪽에 놓음.

◆제사상에는 어동육서가 원칙이다.

魚頭肉尾　어두육미

*頭 머리 두 *尾 꼬리 미

물고기는 대가리, 짐승은 꼬리 쪽이 맛있다.

◆생선 대가리를 싫어하다니, 어두육미를 모르는군.

漁父之利　어부지리

*漁 고기 잡을 어 *父 아비 부 *利 이할 리

둘이 다투는 바람에 제삼자가 이익을 봄.

◆어부지리로 얻은 감투라 영 찜찜하네.

어부지리 Two dogs strive for a bone, and a third runs away with it.

漁夫之利

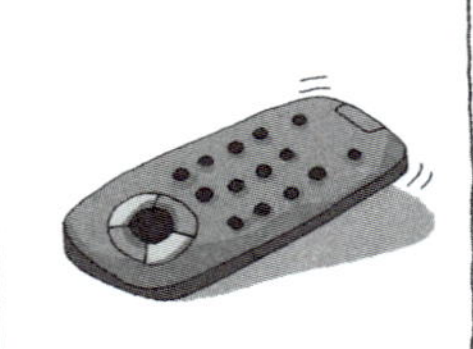

漁(고기 잡을 어) 夫(아비 부) 之(갈 지) 利(이할 리)
두 사람이 다투는 사이에 엉뚱한 사람이 이익을
가로챈다는 말.

語不成說　어불성설

*語말씀 어　*成이룰 성　*說말씀 설

조리에 맞지 않아 도무지 말이 안 됨.

◆맨손으로 호랑이를 잡았다고? 어불성설일세.

億萬長者　억만장자

*億억 억　*萬일만 만　*長긴 장

억만금을 가진 큰 부자

◆억만장자도 그녀를 아내로 맞이할 수 없었다.

言語道斷　언어도단

*言말씀 언　*道길 도　*斷끊을 단

어이가 없어서 말문이 막힌다는 뜻

◆거짓말도 정도가 있지, 언어도단이다.

言中有骨　언중유골

*中 가운데 중　*有 있을 유　*骨 뼈 골

예사로운 말 속에 뼈 같은 속뜻이 있다는 말

◈언중유골이니 허투루 들어서는 안 되네.

言則是也　언즉시야

*則 곧 즉　*是 이/옳을 시　*也 어조사 야

말하는 것이 사리에 맞음.

則은 '법칙 칙'이라고도 함.

言行一致　언행일치

*行 다닐 행　*致 이를 치

말과 행동이 같음.

◈말만 앞세우지 말고 언행일치를 실천하렴.

抑制

抑(누를 억) 制(절제할 제)

억눌러 절제하는 일.

嚴冬雪寒　엄동설한

*嚴 엄할 **엄**　*冬 겨울 **동**　*雪 눈 **설**　*寒 찰 **한**

눈이 오고 몹시 추운 겨울

◆이 엄동설한에 맨발이 웬 말이냐?

餘暇善用　여가선용

*餘 남을 **여**　*暇 틈 **가**　*善 착할 **선**　*用 쓸 **용**

여가를 잘 이용함.

◆여가선용에 안성맞춤인 독서

易地思之　역지사지

*易 바꿀 **역**　*地 따 **지**　*思 생각 **사**　*之 갈 **지**

처지를 바꾸어서 생각함.

◆네 주장만 내세우지 말고 역지사지해 보렴.

역지사지 Put yourself in another's shoes.

緣木求魚　연목구어

*緣인연 **연** *木나무 **목** *求구할 **구**

나무에 올라가서 물고기를 구한다.
불가능한 일을 무리하게 하려 함을 이름.

連戰連勝　연전연승

*連이을 **련** *戰싸움 **전** *勝이길 **승**

싸울 때마다 연달아 이김.
◆10번째 연전연승의 기쁨을 누렸다.

英才敎育　영재교육

*英꽃부리 **영** *才재주 **재** *育기를 **육**

탁월한 재능·지능을 가진 이에게 걸맞은 교육을 함.
◆그 나라는 오래전부터 영재교육을 실시하고 있다.

연목구어 Seeking a fish from a tree.

연리지(連理枝)

후한 말의 문인 채옹은 효성이 지극했다. 어머니가 병으로 자리에 눕자 잠도 자지 않고 간호에 매달렸고 돌아가시자 무덤 곁에서 3년을 살았다.

그 후 채옹의 방 앞에 두 그루의 나무가 서로 마주 보면서 자라기 시작했다. 이 나무는 신기하게도 가지가 서로 붙어 자라 마치 한그루처럼 보였다.

사람들은 이를 두고 채옹의 효성이 지극하여 부모와 자식이 한몸이 된 것이라고 칭송했다.

한편, 당나라의 시인 백거이는 당의 임금 현종과 절세미인 양귀비의 뜨거운 사랑을 '장한가(長恨歌)'로 읊었다.

7월 7일 장생전에서
깊은 밤 사람들 모르게 한 맹세
하늘에서는 비익조가 되기를 원하고
땅에서는 연리지가 되기를 원하네
높은 하늘 넓은 땅 다할 때가 있건만
이 한은 끝없이 계속되네

이 시가 널리 알려진 후, '연리지'는 암수가 합치지 않으면 날 수 없다는 비익조(比翼鳥)와 함께 남녀 간의 변하지 않는 사랑을 의미하는 말로 쓰이게 되었다. 우리나라 영화 중에 〈연리지〉란 제목의 영화가 있다.

*連 : 잇닿을 연 * 理 : 다스릴 리 * 枝 : 가지 지
두 나무의 가지가 서로 맞닿아 결이 통해 한나무처럼 자란다는 뜻으로, 지극한 효성 혹은 진한 애정을 이름.
출전 : 《후한서》 채옹전, 백거이의 〈장한가〉
유의어 : 비익조(比翼鳥), 금슬지락(琴瑟之樂)

五穀百果　오곡백과

*五다섯 오　*穀곡식 곡　*果실과 과

온갖 곡식과 여러 가지 과실

◆오곡백과가 무르익는 가을을 맞이했다.

五里霧中　오리무중

*里마을 리　*霧안개 무　*中가운데 중

어떤 일에 대해 갈피를 못 잡고 알 길이 없음.

◆그 일이 어떻게 진행될지 오리무중이다.

吾鼻三尺　오비삼척

*吾나 오　*鼻코 비　*三석 삼　*尺자 척

내 코가 석 자.

자기 사정이 급하여 남을 돌보아 줄 겨를이 없다는 말.

烏飛梨落　오비이락

*烏까마귀 오　*飛날 비　*梨배나무 리

까마귀 날자 배 떨어진다.

우연한 일치로 억울하게 혐의를 받거나 난처한 입장에 놓임.

五體投地　오체투지

*體몸 체　*投던질 투　*地따 지

온몸을 땅에 던지는 불교의 절 방법

두 무릎을 땅에 꿇고 두 팔을 땅에 댄 다음 머리를 땅에 댐.

烏合之卒　오합지졸

*合합할 합　*之갈 지　*卒마칠 졸

규율도 통일성도 없는 군사나 군중

㉧烏合之衆(오합지중)

오비이락 A pear drops as a crow flies
from the tree.

玉骨仙風　옥골선풍

*玉구슬 옥　*仙신선 선　*風바람 풍

피부가 희고 고결하여 신선과 같은 풍채

◆그는 타고난 옥골선풍으로 보는 이마다 감탄했다.

屋上架屋　옥상가옥

*屋집 옥　*上윗 상　*架시렁 가

지붕 위에 거듭 지붕을 얹는다.

무의미하게 되풀이함을 이름. 여기서 屋은 지붕을 뜻함.

溫故知新　온고지신

*溫따뜻할 온　*故연고 고　*新새 신

옛것을 익히고 그것으로 미루어 새것을 앎.

◆고전의 생명은 온고지신에 있다.

온고지신 Review the old and learn the new.

完全無缺　완전무결

*完 완전할 **완**　*全 온전 **전**　*缺 이지러질 **결**

모두 갖추어져 결함이 없음.

◈드디어 완전무결하게 일을 끝냈다.

外華內貧　외화내빈

*外 바깥 **외**　*華 빛날 **화**　*貧 가난할 **빈**

겉은 화려하나 속은 빈약함.

◈보기에 그럴싸하지만 외화내빈이야. 속 빈 강정.

樂山樂水　요산요수

*樂 좋아할 **요**　*山 메 **산**　*水 물 **수**

산을 좋아하고 물을 좋아함.

樂은 '즐길 락'으로도 쓰인다.

완전무결 Absolutely perfect.

완벽(完璧)

춘추 전국 시대, 조나라의 혜문왕은 '화씨벽(和氏璧)'이라는 고귀한 구슬을 가지고 있었다.

소문을 들은 진나라의 소양왕은 열다섯 개의 성과 화씨벽을 교환하자고 혜문왕에게 제의했다.

혜문왕은 근심에 빠졌다. 구슬을 내주자니 소양왕이 과연 열다섯 개의 성을 주겠다는 약속을 지킬지 알 수 없었고, 거절하자니 강대국인 진이 쳐들어올지 모르는 일이었기 때문이다.

결국 진나라의 제의에 응하기로 한 혜문왕은 인상여를 사신으로 보냈다.

인상여는 즉시 진으로 가 소양왕에게 구슬을 바쳤다.

하지만 소양왕은 구슬만 뚫어져라 바라볼 뿐 성을 주겠다던 약속에 대해서는 아무 말이 없었다.

인상여는 아차! 싶어 다급하게 말했다.

"참, 그 구슬에 한 군데 작은 흠집이 있사옵니다."

"어디 말인가?"

소양왕은 무심코 구슬을 인상여에게 건넸다.

그러자 인상여는 구슬을 들고 재빨리 뒤로 물러나며 말했다.

"전하께서 약속하신 열다섯 개의 성을 넘겨주실 때까지 당분간 이 구슬은 제가 보관하고 있겠나이다. 혹시 약속을 이행하시지 않으면 이 구슬은 제 머리와 함께 부서질 것입니다."

인상여는 숙소로 돌아와 구슬을 부하에게 넘겨주고 몰래 진나라를 빠져나가게 했다.

뒤늦게 이 사실을 안 소양왕은 화가 머리끝까지 났지만, 인상여를 죽였다가는 신의 없는 왕이라는 비난을 받을 게 틀림없었다. 결국 울며 겨자 먹기로 인상여를 놓아주었다.

인상여의 기지로 화씨벽은 온전하게 다시 조나라로 돌아갔던 것이다.

*完 : 완전할 완 *璧 : 둥근 옥 벽
구슬을 온전히 보존한다는 뜻으로, 흔히 완전무결 (完全無缺)함을 이름.
출전 : 《사기》 상여전

欲速不達　욕속부달

*欲 하고자 할 **욕** *速 빠를 **속** *達 통달할 **달**

일을 급히 하려고 서두르면 되레 이루지 못함.

◆급할수록 돌아가랬어, 욕속부달이란 말이 있다시피.

龍頭蛇尾　용두사미

*龍 용 **룡** *頭 머리 **두** *蛇 뱀 **사** *尾 꼬리 **미**

머리는 용, 꼬리는 뱀. 처음은 좋으나 끝이 좋지 않음.

◆너는 하는 일마다 용두사미로구나.

愚公移山　우공이산

*愚 어리석을 **우** *公 공평할 **공** *移 옮길 **이**

우공이 산을 옮기다.

무슨 일이라도 끊임없이 노력하면 꼭 이루어짐.

용두사미 Starts off with a bang and ends with a whimper.

雨順風調　우순풍조

*雨비 우　*順순할 순　*調고를 조

때 맞춰 비가 오고 바람이 고르게 분다.
농사에 알맞게 기후가 순조로움을 이름.

右往左往　우왕좌왕

*右오를/오른 우　*往갈 왕　*左왼 좌

이리저리 왔다 갔다 함.
◆갈피를 못 잡고 우왕좌왕하다 좋은 기회를 놓쳤다.

牛耳讀經　우이독경

*牛소 우　*耳귀 이　*讀읽을 독　*經글 경

아무리 가르쳐도 알아듣지 못함. 쇠귀에 경 읽기
㉤牛耳誦經(우이송경)

우이독경 Pouring water on a duck's back.

右往左往
신나게 걷다 보니
갈림길이네요.
돼지들의
소풍날.
룰루라라…
웅성
웅성
조용~
← 나 바퀴
오른쪽!
왼쪽!
우왕좌왕하는군.

右(오를/오른 우) 往(갈 왕) 左(왼 좌) 往(갈 왕)
오른쪽으로 갈까 왼쪽으로 갈까 망설인다는 뜻으로,
갈팡질팡하는 모양을 가리킴.

遠交近攻 원교근공

*遠 멀 **원** *交 사귈 **교** *近 가까울 **근** *攻 칠 **공**

먼 나라와 친교를 맺고 이웃 나라를 공략함.

◈ 원교근공은 중국 전국 시대의 외교 정책이다.

月下老人 월하노인

*月 달 **월** *下 아래 **하** *老 늙을 **로** *人 사람 **인**

남녀의 인연을 맺어 준다는 전설상의 노인

㈜ 月老(월로)

危機一髮 위기일발

*危 위태할 **위** *機 틀 **기** *髮 터럭 **발**

위태로움이 몹시 절박한 순간

◈ 가까스로 위기일발에서 벗어났다.

威風堂堂　위풍당당

*威위엄 위 *風바람 풍 *堂집 당

남을 압도할 정도로 위풍이 대단함.

◆메달리스트들이 위풍당당하게 거리를 행진했다.

有口無言　유구무언

*有있을 유 *口입 구 *無없을 무 *言말씀 언

변명하거나 항변할 말이 없음.

◆제 잘못으로 심려를 끼쳐 드려 유구무언입니다.

類萬不同　유만부동

*類무리 류 *萬일만 만 *同한가지 동

비슷한 것이 많으나 서로 다름. 정도에 넘침.

◆무례도 유만부동이지, 칠십 노인에게 반말을 해?

유구무언 Find oneself at a loss for words.

有名無實　유명무실

*名이름 **명**　*實열매 **실**

이름만 있고 그 실상은 없음.

◆말이 사장이지, 사내에서의 영향력은 유명무실했다.

有備無患　유비무환

*備갖출 **비**　*患근심 **환**

미리 준비해 놓으면 걱정할 것이 없음.

◆유비무환의 정신으로 대비하면 실패가 없다.

類類相從　유유상종

*類무리 **류**　*相서로 **상**　*從좇을 **종**

같은 무리끼리 서로 내왕하며 사귐.

◆저 애들을 보면 유유상종이란 말이 떠오른다니까.

유비무환 To be prepared is to have no anxiety.

有備無患

有備無患이란 고사성어는 서경(書經) 열명(說命)
편과 춘추좌씨전(春秋左氏傳)에 나온다.

偉人

偉(클 위) 人(사람 인)

훌륭하고 뛰어난 사람.

唯一無二　유일무이

*唯오직 유　*一한 일　*二두 이

오직 하나뿐이며 둘도 없음.

◆그녀에게는 독서가 유일무이한 취미였다.

陰德陽報　음덕양보

*陰그늘 음　*德큰 덕　*陽볕 양　*報갚을 보

남모르게 덕행을 쌓은 사람은 뒤에 그 보답을 받음.

◆기부 천사들은 틀림없이 음덕양보할 거야.

異口同聲　이구동성

*異다를 이　*口입 구　*聲소리 성

모든 사람의 말이나 의견이 일치함.

◆동네 사람들은 이구동성으로 그의 효성을 칭찬했다.

以卵投石　이란투석

*以써 이 *卵알 란 *投던질 투 *石돌 석

계란으로 바위 치기

아무리 해도 소용없는 어리석은 짓을 이름.

以文會友　이문회우

*文글월 문 *會모일 회 *友벗 우

학문으로 친구를 사귄다.

◆이문회우한다니 참으로 부러운 일이다.

以心傳心　이심전심

*心마음 심 *傳전할 전

마음과 마음으로 서로 뜻이 통함.

㈜心心相印(심심상인)

以熱治熱　　이열치열

*熱더울 열　*治다스릴 치

열은 열로 다스린다.

◆이열치열이라며 한여름에 뜨거운 칼국수를 먹었다.

二律背反　　이율배반

*律법칙 률　*背등 배　*反돌이킬 반

두 가지 법칙이 서로 배반됨.

◆경찰인 그가 법을 위반하다니 이율배반이로군.

離合集散　　이합집산

*離떠날 리　*集모을 집　*散흩을 산

헤어졌다가 모였다가 함.

◆이합집산을 거듭하면서도 모임을 지속해 오고 있다.

因果應報　인과응보

*因 인할 **인**　*果 실과 **과**　*應 응할 **응**

지은 업에 대하여 받은 업보

◆죄를 지은 사람이 벌을 받는 것은 당연한 인과응보다.

人命在天　인명재천

*命 목숨 **명**　*在 있을 **재**　*天 하늘 **천**

목숨의 길고 짧음은 하늘에 매여 있다.

◆인명재천이니 어서 깨어나길 기다리는 수밖에 없다.

人死留名　인사유명

*死 죽을 **사**　*留 머무를 **류**　*名 이름 **명**

사람은 죽어도 이름은 남는다.

◆인사유명이요 호사유피(虎死留皮)라.

人山人海　인산인해

*山메 산 *海바다 해

사람이 셀 수 없으리만큼 많이 모임을 이름.

◆고종의 장례식에는 인산인해를 이루었다고 한다.

人生無常　인생무상

*生날 생 *無없을 무 *常떳떳할 상

인생이 덧없음을 이르는 말

◆어느 날 문득 인생무상을 느꼈다.

仁者無敵　인자무적

*仁어질 인 *者놈 자 *敵대적할 적

어진 사람은 모든 사람이 그를 따르므로 적이 없다.

◆그를 보면 인자무적이란 말이 떠오른다.

一刻千金　일각천금

*刻새길 **각** *千일천 **천** *金쇠 **금**

매우 짧은 시간도 천금과 같이 귀중하다.

◆일각천금이거늘 그렇게 허송세월하지 말아라.

一擧兩得　일거양득

*擧들 **거** *兩두 **량** *得얻을 **득**

한 가지 일을 하여 두 가지 이익을 얻음.

◆게임 대회에서 게임도 실컷 하고 상도 타니 일거양득이지.

一口二言　일구이언

*一한 **일** *口입 **구** *二두 **이** *言말씀 **언**

한 입으로 두 가지 말을 함. 말을 이랬다 저랬다 함.

◆단단히 한 약속이니 일구이언하지 마세요.

一己之慾　일기지욕

*己몸 기　*之갈 지　*慾욕심 욕

자기 한 몸만을 위한 욕심

◆놀부는 일기지욕에 사로잡혀 온갖 나쁜 짓을 했다.

日暖風和　일난풍화

*日날 일　*暖따뜻할 난　*和화할 화

날씨가 따뜻하고 바람이 부드럽다.

◆추운 겨울이 가고 일난풍화의 계절이 찾아왔다.

一刀兩斷　일도양단

*刀칼 도　*兩두 량　*斷끊을 단

한 칼에 두 동강을 낸다.

일이나 행동을 머뭇거리지 않고 선뜻 결정함을 이름.

一網打盡　일망타진

*網그물 **망**　*打칠 **타**　*盡다할 **진**

한꺼번에 모조리 다 잡음을 이름.

◆경찰에서 폭력배를 일망타진하겠다고 발표했다.

一脈相通　일맥상통

*脈줄기 **맥**　*相서로 **상**　*通통할 **통**

어떤 점에서 서로 통함. 서로 비슷함.

◆우리말과 일본어는 일맥상통하는 데가 있다.

一罰百戒　일벌백계

*罰벌할 **벌**　*百일백 **백**　*戒경계할 **계**

경각심을 불러일으키기 위해 무거운 처벌을 함.

◆본보기를 위해서 일벌백계로 다스려야 한다.

一絲不亂　일사불란

*絲실 사 *不아닐 불 *亂어지러울 란

질서 정연하여 어지러운 데가 없음.

◆우리는 일사분란하게 움직여 청소를 말끔히 했다.

一石二鳥　일석이조

*石돌 석 *二두 이 *鳥새 조

한 가지 일을 하여 두 가지 이익을 얻음.

◆신문 배달을 하면 돈도 벌고 건강에도 좋으니 일석이조지.

一視同仁　일시동인

*視볼 시 *同한가지 동 *仁어질 인

고두를 똑같이 사랑함.

◆담임 선생님께서는 반 아이들을 일시동인하신다.

일석이조 Kill two birds with one stone.

一石二鳥
으히히!
쨘
부스럭부스럭
도망가자.
피융융우~
↳돌
← 역시 돌
윽!
일석
이조!
너~

一(한 일) 石(돌 석) 二(두 이) 鳥(새 조)
돌 하나로 새 두 마리를 잡는다는 뜻. 즉, 한 가지 일로
두 가지 이득을 얻었을 때 쓰이는 말.

一心同體　　일심동체

*心마음 심　*同한가지 동　*體몸 체

한마음 한 몸. 굳게 결합함을 이름.

◈그 부부는 일심동체가 되어 어려움을 헤쳐 나갔다.

一魚濁水　　일어탁수

*魚고기/물고기 어　*濁흐릴 탁　*水물 수

한 마리의 물고기가 온 물을 흐린다.

한 사람의 잘못으로 여러 사람이 피해를 입게 됨을 이름.

一言之下　　일언지하

*言말씀 언　*之갈 지　*下아래 하

한 마디로 잘라 말함.

◈놀부는 흥부의 간곡한 부탁을 일언지하에 거절했다.

一衣帶水　일의대수

*衣옷 의　*帶띠 대　*水물 수

한 가닥의 띠와 같은 작은 냇물이나 바닷물
매우 가까운 거리를 이름.

一日三秋　일일삼추

*日날 일　*三석 삼　*秋가을 추

하루가 삼 년 같다. 몹시 애태우며 기다림을 이름.
㈜一日如三秋(일일여삼추)

一場春夢　일장춘몽

*場마당 장　*春봄 춘　*夢꿈 몽

한바탕 봄꿈. 헛된 영화나 덧없음을 이름.
◈그녀와의 사랑은 한갓 일장춘몽이었던가?

일장춘몽 Life is but a dream.

衣食住

衣(옷 의) 食(밥/먹을 식) 住(살 주)

인간 생활에 필요한 기본 요소. 옷과 음식과 집.

一朝一夕　일조일석

*一 한 **일**　*朝 아침 **조**　*夕 저녁 **석**

하루 아침 하루 저녁. 매우 짧은 시간을 이름.

◆일조일석에 영어를 정복하기는 불가능하다.

日就月將　일취월장

*就 나아갈 **취**　*月 달 **월**　*將 장수 **장**

날로 달로 자라거나 발전함.

◆얼마나 열심인지 실력이 일취월장했다.

一敗塗地　일패도지

*敗 패할 **패**　*塗 진흙 **도**　*地 따 **지**

여지없이 패해 다시 일어날 수 없음을 이름.

◆일패도지의 상황에서도 웃음을 잃지 않았다.

일취월장 Make progress day after day and month after month.

一片丹心　일편단심

*片 조각 **편**　*丹 붉을 **단**　*心 마음 **심**

한 조각 붉은 마음. 참된 정성을 이름.

◆일편단심 단종을 받든 사육신의 충성심.

立身揚名　입신양명

*立 설 **립**　*身 몸 **신**　*揚 들 **양**

세상에서 자신의 기반을 확고히 세워 이름을 날림.

◆입신양명하려는 큰 꿈을 안고 서울로 올라갔다.

핵심정리
고사성어 뱅크
ㅈ

自强不息　자강불식

*自스스로 **자** *强강할 **강** *息쉴 **식**

스스로 힘쓰며 쉬지 않음.

◆그는 자강불식하며 사법 고시를 준비했다.

自激之心　자격지심

*激격할 **격** *之갈 **지** *心마음 **심**

어떤 일에 대해 자기 스스로 미흡하게 여기는 마음

◆자격지심에 사로잡혀 괴로워했다.

自給自足　자급자족

*給줄 **급** *足발 **족**

자기의 수요를 자기가 생산하여 충당함.

◆농업 기술의 발달로 식량의 자급자족이 이루어졌다.

自問自答　자문자답

*問 물을 문　*答 대답 답

스스로 묻고 스스로 대답함.

◈혼잣말로 자문자답 하더니 큰 소리로 외쳤다.

子孫萬代　자손만대

*孫 손자 손　*萬 일만 만　*代 대신 대

자식과 손자들이 계속 이어져 나감.

◈부디 자손만대 복을 누리시기 바랍니다.

自手成家　자수성가

*手 손 수　*成 이룰 성　*家 집 가

스스로의 힘만으로 한 살림을 이룩함.

◈자수성가하여 우리나라 최고의 부자가 되었다.

자수성가 Make a home by one's own hand.

조장(助長)

송나라의 한 농부가 모내기를 한 뒤 모가 얼마나 자랐는지 궁금해 논으로 가 보았다.

"아무래도 우리 모가 다른 논의 모보다 덜 자란 것 같단 말이야."

농부는 어떻게 하면 싹이 더 빨리 자라게 할 수 있을까 궁리하다가, 논에 들어가 벼의 순을 조금씩 잡아 빼기 시작했다.

"이렇게 하니 조금 더 자란 것 같은걸."

농부는 흐뭇하게 웃으며 모든 벼의 순을 잡아 뺀 후 집으로 돌아왔다.

"하루 종일 벼의 순을 빼느라 기운이 다 빠졌네."

그 말을 들은 식구들은 기겁했다.

다음 날 아들이 논으로 달려가 보니, 모는 모두 말라 죽어 있었다.

*助 : 도울 조 *長 : 긴 장

도와서 자라게 한다는 뜻으로, 조급히 서두르다 오히려 일을 망친다는 말.

출전 : 《맹자》 공손추

유의어 : 발묘조장(拔苗助長)

개가 점을 빼면?

요즘은 몸에 생긴 점을 빼는 사람들이 많다. 미용을 위해, 운명을 바꾸기 위해, 그리고 건강을 위해서 등등 여러 가지 목적으로 피부과를 찾는다.

개가 점을 빼면 어떻게 될까?

이 세상의 모든 개들이 피부과로 몰려 가는 게 아닐까?

自信滿滿　자신만만

*信믿을 신 *滿찰 만

자신이 넘침.

◆그는 무슨 일을 하든 자신만만했다.

自業自得　자업자득

*業업 업 *得얻을 득

자기가 저지른 일에 대한 대가를 스스로가 받음.

◆그가 사업에 실패한 것은 자업자득이다.

子子孫孫　자자손손

*子아들 자 *孫손자 손

자손의 여러 대대

◆그 집안의 예법은 자자손손 이어졌다.

자업자득 As one sows, so shall he reaps.

自中之亂　자중지란

*中 가운데 중　*亂 어지러울 란

같은 패 안에서 일어나는 싸움

◆한 팀의 리더는 자중지란이 일어나지 않도록 해야 한다.

自初至終　자초지종

*初 처음 초　*至 이를 지　*終 마칠 종

처음부터 끝까지의 과정

◆사건의 자초지종을 철저히 조사했다.

自暴自棄　자포자기

*暴 모질 포　*棄 버릴 기

스스로 자신을 포기하여 돌아보지 않음.

暴은 '사나울 폭'으로도 새긴다.

자포자기 Punish yourself, abandon yourself.

自畫自讚　자화자찬

*畫 그림 **화** *讚 기릴 **찬**

자기의 그림을 자기 스스로 칭찬한다.
제 일을 제 스스로 자랑함을 이름.

作心三日　작심삼일

*作 지을 **작** *心 마음 **심** *三 석 **삼** *日 날 **일**

지어먹은 마음이 사흘을 가지 못한다.
◆그렇게 큰소리치더니 작심삼일이군.

張三李四　장삼이사

*張 베풀 **장** *李 오얏/성 **리** *四 넉 **사**

장씨네 셋째 아들과 이씨네 넷째 아들
신분도 이름도 나지 않은 평범한 사람을 이름.

작심삼일 Resolve lasts three days.

才子佳人　재자가인

*才 재주 재　*佳 아름다울 가　*人 사람 인

재주 있는 남자와 아름다운 여자

◈그 부부는 재자가인의 결혼으로 소문이 자자했었다.

積小成大　적소성대

*積 쌓을 적　*小 작을 소　*成 이룰 성　*大 큰 대

작은 것도 모이면 크게 된다.

㊠積土成山(적토성산)

適者生存　적자생존

*適 맞을 적　*者 놈 자　*生 날 생　*存 있을 존

환경에 적응한 생물만 살아남는 현상

◈적자생존은 자연계뿐만 아니라 인간계에도 존재한다.

適材適所　적재적소

*適맞을 **적** *材재목 **재** *所바 **소**

알맞은 인재를 알맞은 자리에 씀.

◆인사부에서 적재적소에 인재를 배치했다.

積土成山　적토성산

*積쌓을 **적** *土흙 **토** *成이룰 **성** *山메 **산**

흙을 모아 산을 이루듯 작은 것도 쌓이면 크게 됨.

㊒積小成大(적소성대)

電光石火　전광석화

*電번개 **전** *光빛 **광** *石돌 **석** *火불 **화**

번개가 치거나 부싯돌이 부딪칠 때의 번쩍이는 빛

매우 짧은 시간이나 썩 재빠른 동작을 가리킴.

적재적소 Put the right man in the right place.

適期

適(맞을 적) 期(기약할 기)
놓쳐서는 곤란한 알맞은 때.

前代未聞　전대미문

*前앞 **전** *未아닐 **미** *聞들을 **문**

이제껏 들어 본 적이 없음.

◆전대미문의 살인마가 검거되었다.

前無後無　전무후무

*無없을 **무** *後뒤 **후**

전에도 없었고 앞으로도 있을 수 없음.

◆올림픽 역도에서 전무후무한 기록이 나왔다.

前程萬里　전정만리

*程한도/길 **정** *萬일만 **만** *里마을 **리**

앞길이 만 리나 된다.

젊은 사람의 유망한 장래를 이름.

轉禍爲福　전화위복

*轉구를 전　*禍재앙 화　*爲할 위　*福복 복

재앙이 바뀌어 오히려 좋은 일이 생김.

◈세계적 경제 위기를 전화위복의 기회로 삼자.

絶世佳人　절세가인

*絶끊을 절　*世인간 세　*佳아름다울 가

세상에 다시 없으리만큼 빼어나게 아름다운 여자

㊒絶世美人(절세미인)　㊒絶代佳人(절대가인)

絶長補短　절장보단

*長긴 장　*補기울 보　*短짧을 단

긴 것을 잘라서 짧은 것에 보태어 부족함을 없앰.

장점이나 넉넉한 것으로 단점이나 부족함을 보충함을 이름.

전화위복 Bad luck often brings good luck.

節約

節(마디 절) 約(맺을 약)
낭비하지 않고 아껴 씀.

切齒腐心　　절치부심

*切끊을 절 *齒이 치 *腐썩을 부

몹시 분하여 이를 갈고 속을 썩임.
㈜臥薪嘗膽(와신상담)

漸入佳境　　점입가경

*漸점점 점 *入들 입 *境지경 경

들어갈수록 경치가 멋지거나 어떤 상태가 확대됨.
◆보자 보자 하니 추태가 점입가경이군.

頂門一鍼　　정문일침

*頂정수리 정 *門문 문 *鍼바늘 침

정수리에 침 하나를 꽂는다.
따끔한 충고나 교훈을 이름. ㈜頂上一鍼(정상일침)

正正堂堂　　정정당당

*正바를 **정** *堂집 **당**

태도나 수단이 공정하고 떳떳함.

◆신사답게 정정당당하게 붙어 보자.

濟世安民　　제세안민

*濟건널 **제** *安편안 **안** *民백성 **민**

세상을 구제하고 백성을 편안하게 함.

◆제세안민하여 태평성대를 누린 성군, 세종 대왕.

潮力發電　　조력발전

*潮조수 **조** *力힘 **력** *發필 **발** *電번개 **전**

조수의 간만의 차를 이용하여 전기를 일으킴.

◆우리나라에서도 조력발전에 대한 관심이 높다.

朝令暮改　조령모개

*朝아침 조 *令하여금 령 *暮저물 모

아침에 내린 법령이 저녁에 다시 바뀜.
법령을 자꾸 고쳐 갈피를 잡기 어려움을 이름.

朝飯夕粥　조반석죽

*飯밥 반 *夕저녁 석 *粥미음 죽

아침에는 밥, 저녁에는 죽
가난하여 가까스로 살아감을 이름.

朝變夕改　조변석개

*變변할 변 *改고칠 개

아침, 저녁으로 뜯어고침. 변덕스럽게 자꾸 고침.
㈜朝改暮變(조개모변)

朝三暮四

朝(아침 조) 三(석 삼) 暮(저물 모) 四(넉 사)
간사한 꾀로 남을 속인다는 말로, 중국의 저공이란 사람이 자기 집에서 기르는 원숭이들을 위의 만화처럼 구슬렸다는 데서 유래.

선아야!
네!
딸기 주스 먹자.
옜다.
에계, 겨우 요거?
싫어. 안 먹어요.
너무 적니?
잠깐 기다려.
으응
?
쯔짠~
야호! 잘 먹겠습니다.
하~
바보! 엄마가 컵만 바꿨는데….
바로 이런 게 조삼모사랍니다.

朝三暮四　　조삼모사

*朝아침 조 *三석 삼 *暮저물 모 *四넉 사

간사한 꾀로 남을 속이어 농락함을 이름.

◆그 친구는 조삼모사의 선수라 믿을 수가 없어.

鳥足之血　　조족지혈

*鳥새 조 *足발 족 *之갈 지 *血피 혈

새 발의 피. 매우 적은 양을 이름.

◆그의 재산에 비하면 내 재산은 조족지혈이지.

種豆得豆　　종두득두

*種씨 종 *豆콩 두 *得얻을 득

콩 심은 데 콩 난다.

원인에 따른 결과가 생김을 이름.

坐井觀天　　좌정관천

*坐 앉을 **좌** *井 우물 **정** *觀 볼 **관** *天 하늘 **천**

우물에 앉아 하늘을 봄.

식견이 매우 좁음을 이름. 우물 안 개구리

左之右之　　좌지우지

*左 왼 **좌** *之 갈 **지** *右 오를/오른 **우**

제 마음대로 휘두르거나 다룸.

◆ 한 나라를 좌지우지한 독재자의 말로는 비참했다.

晝耕夜讀　　주경야독

*晝 낮 **주** *耕 밭 갈 **경** *夜 밤 **야** *讀 읽을 **독**

낮에는 밭을 갈고 밤에는 글을 읽는다.

어려운 여건 속에서도 꿋꿋이 공부함을 이름.

주경야독 Farming by day and studying by night.

鳥足之血

鳥(새 조) 足(발 족) 之(갈 지) 血(피 혈)
새 발의 피라는 뜻으로, 매우 적은 분량을 일컬을 때 쓰는 말.

으, 추워!
오늘은 왠지 불안해.
빵앙
으!
어이쿠!
살살 좀 가지.
오늘은 억세게 운이 나쁜가 봐. 빨리 집에 가야지.
쾅
왜 이렇게 일찍 왔니?
형?
자동차가 흙탕물을 튀기고 달아났어!
앗! 형은 왜 그래?
너는 나에 비하면 조족지혈이야.
무슨 일이...

走馬加鞭　주마가편

*走달릴 **주** *加더할 **가** *鞭채찍 **편**

달리는 말에 채찍질을 한다.

열심히 하는 사람을 더욱 잘하도록 권장함을 이름.

走馬看山　주마간산

*馬말 **마** *看볼 **간** *山메 **산**

말을 타고 달리며 산천을 구경한다.

사물의 겉만을 대강 보고 지남을 이름.

晝夜長川　주야장천

*晝낮 **주** *夜밤 **야** *長긴 **장** *川내 **천**

밤낮으로 쉬지 않고 연달아.

◆주야장천 술만 마시고 있으니 어쩌면 좋을까요?

竹馬故友　죽마고우

*竹 대 **죽** *故 연고 **고** *友 벗 **우**

어렸을 때부터의 친한 벗

◆죽마고우가 큰 곤경에 빠졌는데 모른 척한다고?

衆寡不敵　중과부적

*衆 무리 **중** *寡 적을 **과** *敵 대적할 **적**

적은 수효로는 많은 수효에 맞서지 못한다.

◆물밀듯이 몰려오는 중공군에겐 중과부적이었다.

衆口難防　중구난방

*口 입 **구** *難 어려울 **난** *防 막을 **방**

여러 사람의 입을 막기 어렵다는 말

◆중구난방으로 떠들어 대니 도무지 갈피를 못 잡겠다.

죽마고우 A stilt friend.

走馬看山

走(달릴 주) 馬(말 마) 看(볼 간) 山(메 산)

말을 타고 가며 산천을 구경한다는 뜻으로,
자세히 살펴보는 것이 아니라
겉만 대충 보고 지난다는 말.
비슷한 말로 '수박 겉핥기'가 있음.

重言復言　중언부언

*重 무거울 중　*言 말씀 언　*復 다시 부

이미 한 말을 자꾸 되풀이함.

復은 '회복할 복'으로도 새긴다.

知己之友　지기지우

*知 알 지　*己 몸 기　*之 갈 지　*友 벗 우

자기의 속마음과 가치를 알아주는 참다운 친구

㈜知己(지기)

指鹿爲馬　지록위마

*指 가리킬 지　*鹿 사슴 록　*爲 할 위　*馬 말 마

사슴을 가리키며 말이라고 한다.

윗사람을 농락하여 권세를 휘두름. 모순된 것을 우겨 남을 속임.

至誠感天　지성감천

*至이를 **지** *誠정성 **성** *感느낄 **감**

정성이 지극하면 하늘도 감동한다.

◆어떤 일을 정성껏 하면 좋은 결과를 얻음을 이름.

知彼知己　지피지기

*知알 **지** *彼저 **피** *己몸 **기**

상대를 알고 나를 안다.

◆지피지기면 백전불태(百戰不殆)라.

知行合一　지행합일

*行다닐 **행** *合합할 **합** *一한 **일**

지식과 행동이 서로 맞음.

◆중국의 왕양명은 지행합일을 주장했다.

지피지기 If you know your enemy and yourself,
you can win every battle.

進退兩難　진퇴양난

*進 나아갈 **진**　*退 물러날 **퇴**　*兩 두 **량**

나아갈 수도 물러날 수도 없는 처지

◆진퇴양난의 곤경에 빠져 허우적거렸다.

핵심정리
고사성어 뱅크
ㅊ

ㅊ

天高馬肥　천고마비

*天하늘 천 *高높을 고 *馬말 마 *肥살찔 비

하늘이 높고 말이 살찐다.

◆가을은 천고마비의 계절이라 불린다.

千軍萬馬　천군만마

*千일천 천 *軍군사 군 *萬일만 만

많은 군사와 말

◆그의 격려 한마디에 천군만마를 얻은 듯 힘이 솟았다.

千金買骨　천금매골

*金쇠 금 *買살 매 *骨뼈 골

많은 돈으로 말의 뼈를 구한다.

열심히 인재를 구함을 이름.

千慮一得　　천려일득

*慮생각할 려 *一한 일 *得얻을 득

많이 생각하다 보면 하나라도 얻는다.
반千慮一失(천려일실)

千慮一失　　천려일실

*失잃을 실

천 번의 생각에 한 번의 실수
지혜로운 사람도 많은 생각을 하다 보면 잘못할 수 있다는 말

天生緣分　　천생연분

*生날 생 *緣인연 연 *分나눌 분

하늘에서 짝지어 준 연분
◈그 부부를 보면 천생연분이라는 생각이 절로 든다.

천생연분 A match made in heaven.

천리안(千里眼)

위나라 말, 흉년이 계속되어 굶어죽는 백성이 속출했다. 광주 태수 양일은 곡물 창고를 열어 식량을 배급하라고 지시했다. 그러자 관원들이 한사코 이를 반대했다.

그러나 양일은 관원들의 만류를 뿌리쳤다.

"백성은 나라의 근본인데, 어찌 굶주리고 있는 것을 보고만 있겠는가. 그것이 죄가 된다면 내가 달게 받겠다."

또한 양일은 관원들의 부정부패를 엄히 단속했다. 혹시 누가 뇌물을 받으면 귀신같이 알았다.

방 안에 틀어박혀 글만 읽는 것 같지만 관원들의 일거수일투족은 물론 먼 곳의 일까지 훤히 꿰는 양일을 두고 사람들은 말했다.

"양일은 천 리를 내다보는 눈(千里眼)을 가졌다."

*千 : 일천 천 *里 : 마을 리 *眼 : 눈 안

천 리 밖을 볼 수 있는 눈이라는 뜻으로, 먼 곳의 일까지도 잘 알고 있다는 말.

출전 : 《위서》 양일전

千辛萬苦　　　천신만고

*辛매울 신 *萬일만 만 *苦쓸 고

갖은 애를 쓰며 고생함.

◆천신만고를 겪은 끝에 성공했다.

天佑神助　　　천우신조

*佑도울 우 *神귀신 신 *助도울 조

하늘과 신의 도움

◆배가 난파되었으나 천우신조로 구조되었다.

天圓地方　　　천원지방

*圓둥글 원 *地따 지 *方모 방

하늘은 둥글고 땅은 네모짐.

〈여씨춘추전〉에 나오는 말. 북한에서는 돈을 '천원지방' 이라고도 함.

千載一遇　천재일우

*載실을 재　*遇만날 우

좀처럼 만나기 어려운 좋은 기회

◆천재일우의 기회를 놓치다니 안타깝구나.

天災地變　천재지변

*災재앙 재　*變변할 변

자연 현상으로 일어나는 재앙이나 괴변

◆최근 들어 천재지변이 자주 일어나고 있다.

千差萬別　천차만별

*差다를 차　*別다를/나눌 별

많은 차이와 구별이 있음.

◆똑같은 상품인데 가게마다 가격이 천차만별이다.

천재일우 Golden opportunity.

千態萬象　천태만상

*千 일천 천　*態 모습 태　*象 코끼리 상

세상의 사물이 한결같지 않음을 강조하는 말

㈎千差萬別(천차만별)　㈎千狀萬態(천상만태)

千篇一律　천편일률

*篇 책 편　*律 법칙 률

사물이 모두 개별적인 특성이 없이 엇비슷함.

◆학생들의 천편일률적인 대답밖에 듣지 못했다.

靑山綠水　청산녹수

*靑 푸를 청　*山 메 산　*綠 푸를 록　*水 물 수

푸른 산과 푸른 물

㈎綠水靑山(녹수청산)

첩경(捷徑)

당나라 때, 노장용이라는 선비가 있었다. 자신의 실력으로는 관직에 오를 수 없다고 여긴 그는 장안 부근의 종남산으로 가서 은둔하며 기회를 엿보았다.

종남산은 이름 높은 고승들이 많은 곳으로 유명해, 노장용은 어부지리로 관직을 얻었다.

사마승정이라는 사람도 종남산에 은둔했다가 나라의 부름을 받았다. 그러나 그는 나라의 부름을 뿌리쳤다. 다시 은둔하러 가는 그를 성밖까지 전송하며 노장용이 말했다.

"종남산은 참 좋은 산이지요."

그러자 사마승정이 말했다.

"제가 보기에는 관리가 되는 첩경일 따름입니다."

노장용은 부끄러워서 아무 말도 하지 못했다.

*捷 : 빠를 첩 *徑 : 지름길 경

지름길, 쉽고 빠른 방법을 이름.

출전 : 《신당서》 노장용전

유의어 : 종남첩경(終南捷徑)

青山流水　청산유수

*流흐를 류

말을 거침없이 잘함을 이르는 말

◈말은 청산유수로구나.

青雲之志　청운지지

*雲구름 운　*之갈 지　*志뜻 지

높고 큰 뜻

청운(青雲)은 푸른 구름으로, 높은 지위나 벼슬을 가리킴.

青天白日　청천백일

*天하늘 천　*白흰 백　*日날 일

푸른 하늘의 밝은 태양

누구나 다 볼 수 있도록 공개된 상황이나 일을 일컫는 말

철면피(鐵面皮)

출세욕이 지나쳐 수단과 방법을 가리지 않고 권력가에게 아첨하는 왕광원이라는 사람이 있었다.

어느 날, 술에 한껏 취한 고관이 왕광원에게 말했다.

"자네를 때리고 싶은데 한번 맞아 볼 텐가?"

"어르신의 매라면 기꺼이 맞겠습니다."

고관은 사정없이 왕광원을 때렸다. 왕광원은 화를 내지 않고 끝까지 고관의 기분을 맞췄다.

만신창이가 된 왕광원에게 친구가 물었다.

"자네는 수치도 모르는가? 그런 모욕을 당하고서도 어쩌면 그렇게 태연할 수 있단 말인가?"

"그 사람에게 잘 보이면 나쁠 것이 없는걸."

이 일이 온 마을에 퍼지자 사람들은 "왕광원의 낯가죽은 열 겹의 철갑처럼 두껍다."고 말했다. 이에 '철면피'가 염치를 모르는 뻔뻔스러운 사람을 뜻하게 되었다.

*鐵 : 쇠 철 *面 : 낯 면 *皮 : 가죽 피

쇠로 만든 낯가죽이라는 뜻으로, 부끄러운 줄 모르는 뻔뻔스러운 사람을 이르는 말.

출전 : 《북몽쇄언》

유의어 : 후안무치(厚顔無恥)

研究

研(갈 연) 究(연구할 구)
(어떤 일이나 사물에 대해) 깊이 있게 조사하고
생각함.

ㅊ

青出於藍　　청출어람

*出날 출 *於어조사 어 *藍쪽 람

쪽에서 나온 푸른 물감이 쪽보다 더 푸르다.

제자가 스승보다 나음을 이름. 준出藍(출람)

清風明月　　청풍명월

*清맑을 청 *風바람 풍 *明밝을 명 *月달 월

맑은 바람과 밝은 달

◆청풍명월의 고장이라 불리는 아름다운 지방

草綠同色　　초록동색

*草풀 초 *綠푸를 록 *色빛 색

풀과 녹색은 같은 빛깔이다.

이름은 달라도 성질이나 내용이 같음을 이르는 말

청출어람 The student surpasses his teacher.

寸鐵殺人　촌철살인

*寸마디 촌　*鐵쇠 철　*殺죽일 살　*人사람 인

짧은 경구(警句)로 사람의 마음을 감동시킴.
촌철(寸鐵)은 작고 날카로운 쇠붙이나 무기를 이름.

秋風落葉　추풍낙엽

*秋가을 추　*落떨어질 락　*葉잎 엽

가을 바람에 우수수 떨어지는 낙엽
◈그렇게 활기차던 모임이 추풍낙엽처럼 사그라졌다.

春秋筆法　춘추필법

*春봄 춘　*筆붓 필　*法법 법

〈춘추〉와 같이 비판의 태도가 엄정함을 이름.
춘추(春秋)는 5경의 하나로 공자가 엮은 편년체 역사책

春夏秋冬　　춘하추동

*春봄 춘 *夏여름 하 *秋가을 추 *冬겨울 동

봄·여름·가을·겨울의 네 계절

◆소나무는 춘하추동 늘 푸르다.

出將入相　　출장입상

*出날 출 *將장수 장 *入들 입 *相서로 상

나가서는 장수, 들어오면 재상.

문무(文武)를 겸비한 대신을 이름.

忠言逆耳　　충언역이

*忠충성 충 *逆거스를 역 *耳귀 이

바르게 타이르는 말은 귀에 거슬린다.

◆충언역이임을 알면서도 충언을 들을 때마다 화를 냈다.

治山治水　　치산치수

*治다스릴 **치** *山메 **산** *水물 **수**

산과 물을 잘 다스림.

◆자연재해가 자주 일어나자 치산치수에 힘썼다.

七顚八起　　칠전팔기

*七일곱 **칠** *顚넘어질 **전** *起일어날 **기**

일곱 번 넘어지고 여덟 번 일어남.

◆칠전팔기의 신화를 일구어 낸 권투 선수.

針小棒大　　침소봉대

*針바늘 **침** *小작을 **소** *棒몽둥이 **봉**

작은 일을 크게 부풀려 말함.

◆누구나 다 아는 사실을 침소봉대했다 망신당했다.

칠전팔기 If at first you don't succeed, try, try again.

창고는 두 사람의 성?

옛날 옛적 중국에서 일어난 일이다.

나라에서는 나라의 귀중한 물건을 보관하는 건물을 짓고 그 건물을 지킬 사람들을 물색했다. 나라의 귀중품이니만큼 정직하고 성실한 사람이 필요했다.

마침 창(倉)씨와 고(庫)씨가 성실하고 정직하다는 칭찬이 자자하여, 두 사람이 그 일을 맡게 되었다.

두 사람은 건물을 성심성의껏 지켰고, 이때부터 사람들은 물건을 보관하는 건물을 창고(倉庫)라고 부르게 되었다고 한다.

핵심정리
고사성어 뱅크
ㅌ

ㅌ

他山之石　타산지석

*他다를 **타**　*山메 **산**　*之갈 **지**　*石돌 **석**

남의 사소한 언행도 제 품성을 높이는 교훈으로 삼음.

◆그의 일을 타산지석으로 삼아 언행에 조심했다.

卓上空論　탁상공론

*卓높을 **탁**　*上윗 **상**　*空빌 **공**　*論논할 **론**

전혀 실현성이 없는 허황한 이론이나 논의

◆대책 회의가 탁상공론으로 끝났다.

泰山北斗　태산북두

*泰클 **태**　*北북녘 **북**　*斗말 **두**

세상 사람으로부터 존경을 받는 사람

㈜泰斗(태두)

타산지석 Learn from others' mistakes.

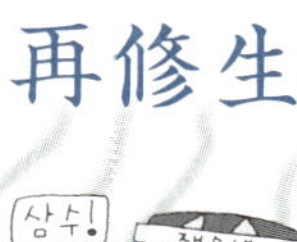

再修生

再(두 재) 修(닦을 수) 生(날 생)
한 번 배웠던 과정을 다시 공부하는 학생.

퇴고(推敲)

당나라 시인 가도가 당의 수도 장안으로 가는 길에 시상(詩想)이 떠올랐다.

새는 못가의 나무에서 잠들었는데
스님은 달빛 아래 문을 민다? 두드린다?

가도는 문을 '밀다(推)'로 해야 할지 '두드리다(敲)'로 해야 할지 결정을 내리지 못하고 반복해서 읊어 보며 고민에 빠졌다. 그 바람에 마주 오던 사람과 부딪쳤다. 그 사람은 당대의 대문장가 한유였다.
한유는 화를 내기는커녕 빙그레 웃으며 말했다.
"내 생각에는 '민다'보다 '두드린다'가 좋겠구려."
이 일화에서, 문장을 고치고 다듬는 것을 '퇴고推敲'라고 일컫게 되었다고 한다.

*推 : 밀 퇴 *敲 : 두드릴 고
글을 지을 때 여러 번 고치고 다듬는다는 말.
출전 : 《당시기사》

ㅍ

破竹之勢　파죽지세

*破 깨뜨릴 파　*竹 대 죽　*之 갈 지　*勢 형세 세

대적을 거침없이 물리치고 쳐들어가는 강한 기세

◆강팀들을 파죽지세로 물리치고 우승했다.

八道江山　팔도강산

*八 여덟 팔　*道 길 도　*江 강 강　*山 메 산

우리나라 전국의 강산, 즉 전 국토.

◆대학을 졸업하고 팔도강산을 유람했다.

八方美人　팔방미인

*方 모 방　*美 아름다울 미　*人 사람 인

온갖 방면의 일에 능통한 사람

◆황진이는 미모도 미모려니와 팔방미인으로 유명했다.

敗家亡身 패가망신

*敗패할 **패** *家집 **가** *亡망할 **망** *身몸 **신**

집안의 재산을 다 써 없애고 몸을 망침.

◆술과 노름으로 패가망신할 수도 있다.

平地風波 평지풍파

*平평평할 **평** *地따 **지** *波물결 **파**

평지에서 풍파가 일듯 뜻밖에 일어나는 분쟁

◆공연히 평지풍파 일으키지 말고 잠자코 있거라.

表裏不同 표리부동

*表겉 **표** *裏안 **리** *不아닐 **부**

마음이 음충맞아서 겉과 속이 다름.

◆그는 표리부동한 사람이니 조심해라.

파경(破鏡)

이따금 유명인 부부가 '파경'을 맞았다는 소식이 사람들의 관심을 모으곤 한다. 파경은 부부가 이혼함을 이른다.

이 말은 본래 사랑이 깊은 어느 부부의 이야기에서 유래되었다.

진나라가 수나라의 대군에 의해 멸망할 무렵의 일이다. 수나라 군대가 쳐들어오자 진나라의 궁중 관리였던 서덕언이 아내와 이별하며 말했다.

"이 거울을 둘로 쪼개 하나씩 간직합시다. 내년 정월 보름날 도성의 시장에서 거울을 파시오. 혹시 내가 그때까지 죽지 않고 산다면 당신을 찾겠소."

결국 진나라는 멸망했고, 서덕언의 아내는 수나라의 중신 양소의 집으로 보내졌다.

그녀는 양소의 총애를 받았으나, 늘 반쪽 거울을 꺼내 보며 남편을 그리워했다.

한편, 서덕언은 겨우 살아남아 약속한 정월 보름날 시장에 가 보았다. 놀랍게도 반쪽으로 쪼개진 거울을 팔고 있는 사람이 있었다.

서덕언은 거울을 하나로 맞추어 뒷면에 아내를 그리는 애틋한 심정을 적어 넣은 후 다시 돌려주었다.

거울은 사람과 함께 가더니
거울만 돌아오고 사람은 오지 않네
헌아의 그림자는 다시 만날 수 없고
헛되이 밝은 달빛만 멈추네

거울을 받아 든 서덕언의 아내는 아무것도 먹지 않고
눈물만 흘렸다.
이 사연을 들은 양소는 깊이 감동하여 그녀를 서덕언
에게 돌려보내 주었다.
이 이야기에서, 이별한 부부가 다시 만나는 것을, 깨
어진 거울이 다시 둥근 모양을 되찾았다고 하여 '파
경중원(破鏡重圓)'이라고 일컫게 되었다.
그런데 훗날 앞의 두 글자 '파경'만 따서 부부가 헤
어지는 것을 가리키게 되었다. 정반대의 뜻으로 쓰이
게 된 것이다.

*破 : 깨뜨릴 파 *鏡 : 거울 경
깨어진 거울이라는 뜻으로, 부부가 헤어지게 되는
일을 이름.
출전 : 《태평광기》

風樹之嘆　풍수지탄

*風바람 풍　*樹나무 수　*嘆탄식할 탄

효도를 다하지 못하고 부모를 여읜 자식의 슬픔을 이름.

㉶風樹之感(풍수지감)

風前燈火　풍전등화

*前앞 전　*燈등 등　*火불 화

바람 앞의 등불

매우 위태로운 처지에 놓여 있음을 이르는 말

匹夫之勇　필부지용

*匹짝 필　*夫지아비 부　*勇날랠 용

평범한 사람의 용기

깊은 생각 없이 혈기만 믿고 함부로 부리는 소인의 용기

火急

火(불 화) 急(급할 급)

걷잡을 수 없이 타는 불처럼 매우 급함.

匹夫匹婦　필부필부

*婦 며느리 **부**

평범한 남녀

◈필부필부가 만나 결혼했다.

必有曲折　필유곡절

*必 반드시 **필** *曲 굽을 **곡** *折 꺾을 **절**

반드시 무슨 까닭이 있음.

㉴必有事端(필유사단)

ㅎ

下學上達　하학상달

*下아래 하 *學배울 학 *達통달할 달

낮고 쉬운 것을 배워 깊고 어려운 이치를 깨달음.

◆하학상달하겠다는 자세로 차근차근 공부해라.

鶴首苦待　학수고대

*鶴학 학 *首머리 수 *苦쓸 고 *待기다릴 대

애타게 기다림.

◆합격 소식이 오기를 학수고대했다.

漢江投石　한강투석

*漢한수 한 *江강 강 *投던질 투 *石돌 석

한강에 돌 던지기

헛될 일을 하는 어리석은 행동을 이름.

寒來暑往　한래서왕

*寒찰 한　*來올 래　*暑더울 서　*往갈 왕

추위가 오면 더위가 간다.
◆한래서왕은 자연의 이치다.

咸興差使　함흥차사

*咸다 함　*興일 흥　*差다를 차　*使하여금 사

임무를 띠고 간 사람이 소식이 없음을 이름.
◆심부름을 보냈더니 함흥차사네.

偕老同穴　해로동혈

*偕모두 해　*老늙을 로　*穴구멍 혈

살아서는 같이 늙고 죽어서는 한 무덤에 묻힘.
생사를 같이하는 부부를 일컫는 말

해어화(解語花)

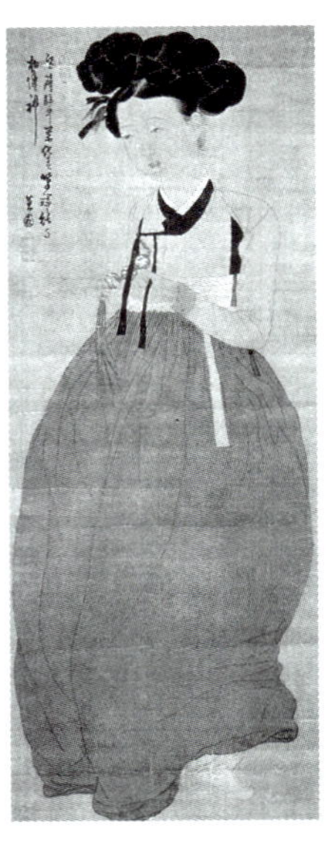

어느 여름날, 당나라 현종이 비빈과 궁녀들을 데리고 태액지라는 연못으로 향했다.

태액지에는 연꽃이 막 피어 아름다운 풍경을 이루고 있었다.

궁녀들이 연신 탄성을 질러 대는데, 현종이 양귀비를 가리키며 말했다.

"연꽃의 아름다움도 말을 알아듣는 이 꽃에는 미치지 못하는구나."

이때부터 말을 이해하는 꽃이라는 뜻의 '해어화'가 아름다운 기생이나 미인을 뜻하는 말로 쓰이게 되었다.

*解 : 풀 해 *語 : 말씀 어 *花 : 꽃 화

말을 아는 꽃이라는 뜻으로, 미인을 일컫는 말.

출전 : 《개원천보유사》

行動擧止　행동거지

*動움직일 동　*擧들 거　*止그칠 지

몸을 움직여 하는 모든 짓

◆아무래도 행동거지가 수상해.

行方不明　행방불명

*行다닐 행　*方모 방　*明밝을 명

어디로 갔는지, 어디에 있는지 알 수 없음.

◆행방불명인 사람을 찾겠다고 전국을 헤맸다.

虛張聲勢　허장성세

*虛빌 허　*張베풀 장　*聲소리 성

실속이 없으면서 허세만 부림.

◆제발 허장성세하지 말고 진솔하게 행동해라.

合乘

合(합할 합) 乘(탈 승)

여러 명이 함께 탐.

賢母良妻　현모양처

*賢어질 **현**　*母어미 **모**　*妻아내 **처**

어진 어머니이면서 또한 착한 아내

◆우리 어머니는 전형적인 현모양처입니다.

螢雪之功　형설지공

*螢반딧불 **형**　*雪눈 **설**　*功공 **공**

반딧불이와 눈의 공로

어려운 환경 속에서 공부하여 성공함을 이르는 말

兄弟姉妹　형제자매

*弟아우 **제**　*姉손위누이 **자**　*妹누이 **매**

형과 아우와 손위 누이와 손아래 누이

◆당신은 형제자매가 몇입니까?

形形色色　형형색색

*形모양 형　*色빛 색

모양과 종류가 다른 가지가지

◆운동장에 형형색색의 만국기를 내걸었다.

狐假虎威　호가호위

*狐여우 호　*假거짓 가　*威위엄 위

여우가 호랑이의 위세를 빌려 호기를 부린다.

남의 권세를 빌려 위세를 부림을 이름.

虎父犬子　호부견자

*虎범 호　*父아비 부　*犬개 견　*子아들 자

범 아비에 새끼는 개라.

아버지는 훌륭하나 아들은 그렇지 못함을 이름.

好事多魔　　호사다마

*好좋을 호　*事일 사　*多많을 다　*魔마귀 마

좋은 일에는 흔히 방해되는 일이 생긴다.
◆호사다마라더니 결혼을 앞두고 다리를 삐었어.

浩然之氣　　호연지기

*浩넓을 호　*然그럴 연　*氣기운 기

공명정대하여 부끄러울 바 없는 도덕적 용기
◆청소년들이여, 호연지기를 길러라.

好衣好食　　호의호식

*衣옷 의　*食밥/먹을 식

잘 입고 잘 먹음.
◆부잣집에 시집가서 호의호식하는 줄 알았어.

呼兄呼弟　호형호제

*呼부를 **호** *兄형 **형** *弟아우 **제**

서로 형이니 아우니 하고 부른다.

매우 가까운 친구 사이를 일컬음.

弘益人間　홍익인간

*弘클 **홍** *益더할 **익** *人사람 **인** *間사이 **간**

널리 인간 세상을 이롭게 함.

◆홍익인간은 우리나라의 시조 단군의 건국 이념이다.

畫龍點睛　화룡점정

*畫그림 **화** *龍용 **룡** *點점 **점** *睛눈동자 **정**

용을 그릴 때 눈동자에 점을 찍어 완성한다.

가장 중요한 부분을 완성하여 일을 끝냄을 이름.

「홍익인간은 단군 이래 오늘날까지 이어지는 우리나라 정치·교육의 최고 이념으로, 우리 민족정신의 핵심을 이루는 말이다.」

和而不同　화이부동

*和화할 화 *而어조사 이 *同한가지 동

타인과 화합하되 줏대 없이 남의 의견을 따르지 않음.

◆모름지기 군자는 화이부동해야 한다.

花朝月夕　화조월석

*花꽃 화 *朝아침 조 *月달 월 *夕저녁 석

꽃 피는 아침과 달 밝은 밤

경치가 좋은 시절을 이름. 음력 2월 보름과 8월 보름

畵中之餠　화중지병

*中가운데 중 *之갈 지 *餠떡 병

그림의 떡. 탐이 나도 어찌해 볼 수 없는 사물

◆그 자동차가 좋은 줄은 알지만 나에겐 화중지병이지.

화중지병 Pie in the sky.

換骨奪胎　환골탈태

*換바꿀 환　*奪빼앗을 탈　*胎아이 밸 태

용모가 환하게 트이고 아름다워져 딴사람처럼 됨.
◆서울 물을 먹더니 환골탈태했구나!

會者定離　회자정리

*會모일 회　*者놈 자　*定정할 정　*離떠날 리

만나는 사람은 반드시 헤어지게 된다.
◆회자정리니 헤어짐을 너무 슬퍼하지 마라.

後生可畏　후생가외

*後뒤 후　*可옳을 가　*畏두려워할 외

뒤에 태어난 사람은 두려워할 만하다.
후배가 선배보다 두려운 존재가 될 수 있음을 이름.

會社

會(모일 회) 社(모일 사)

상행위를 목적으로 설립한 사단 법인.

興盡悲來　흥진비래

*興일 흥　*盡다할 진　*悲슬플 비　*來올 래

즐거운 일이 다하면 슬픈 일이 온다.

⑪苦盡甘來(고진감래)

喜怒哀樂　희로애락

*喜기쁠 희　*怒성낼 로　*哀슬플 애

기쁨과 노여움과 슬픔과 즐거움

◆ 희로애락을 함께한 조강지처

喜悲哀樂　희비애락

*悲슬플 비　*樂즐길 락

기쁨과 슬픔과 애처로움과 즐거움

樂은 '좋아할 요'로도 새긴다. 樂山樂水(요산요수)

흥진비래 After fun comes sorrow.

일자다음자
(一字多音字)

| 降 | 내릴 강 | 昇降(승강) |
| | 항복할 항 | 降伏(항복) |

| 更 | 다시 갱 | 更生(갱생) |
| | 고칠 경 | 更張(경장) |

| 車 | 수레 거 | 自轉車(자전거) |
| | 차 차 | 汽車(기차) |

| 見 | 볼 견 | 見學(견학) |
| | 뵈올 현 | 謁見(알현) |

| 告 | 고할 고 | 豫告(예고) |
| | 청할 곡 | 出必告(출필곡) |

| 金 | 쇠 금 | 金石(금석) |
| | 성 김 | 金氏(김씨) |

| 內 | 안 내 | 內外(내외) |
| | 궁녀 나 | 內人(나인) |

| 度 | 법도 도 | 制度(제도) |
| | 헤아릴 탁 | 度支部(탁지부) |

| 讀 | 읽을 독 | 讀書(독서) |
| | 구절 두 | 句讀點(구두점) |

| 洞 | 골 동 | 洞里(동리) |
| | 꿰뚫을 통 | 洞察(통찰) |

樂	즐길 락	樂園(낙원)
	노래 악	樂器(악기)
	좋아할 요	樂山樂水(요산요수)

| 反 | 돌이킬 반 | 違反(위반) |
| | 뒤집을 번 | 反畓(번답) |

한자	훈·음	예
復	회복할 복	回復(회복)
	다시 부	復活(부활)
否	아닐 부	可否(가부)
	막힐 비	否運(비운)
北	북녘 북	北方(북방)
	달아날 배	敗北(패배)
分	나눌 분	分離(분리)
	단위 푼	五分(오푼)
		分錢(푼전)
不	아닐 불	不利(불리)
	아닐 부	不當(부당)

* ㄷ, ㅈ 음 앞에서

한자	훈·음	예
寺	절 사	寺刹(사찰)
	관청 시	司僕寺(사복시)
殺	죽일 살	殺傷(살상)
	빠를 쇄	殺到(쇄도)
	감할 쇄	減殺(감쇄)

한자	훈·음	예
狀	형상 상	狀態(상태)
	문서 장	賞狀(상장)
說	말씀 설	說明(설명)
	달랠 세	遊說(유세)
	기쁠 열	說樂(열락)
省	살필 성	反省(반성)
	덜 생	省略(생략)
數	셈 수	數學(수학)
	자주 삭	頻數(빈삭)
宿	잘 숙	宿食(숙식)
	별자리 수	星宿(성수)
識	알 식	知識(지식)
	표할 지	標識(표지)
食	밥/먹을 식	飲食(음식)
	먹을 사	蔬食(소사)
惡	악할 악	善惡(선악)
	미워할 오	憎惡(증오)

葉	잎 엽	落葉(낙엽)
		葉書(엽서)
	성씨 섭	葉氏(섭씨)

| 易 | 쉬울 이 | 容易(용이) |
| | 바꿀 역 | 交易(교역) |

| 切 | 끊을 절 | 切斷(절단) |
| | 온통 체 | 一切(일체) |

＊금지나 규제, 부정의 동사 앞에서는 일절(一切)

| 參 | 참여할 참 | 參與(참여) |
| | 석 삼 | '三(석 삼)'의 갖은자 |

| 差 | 다를 차 | 差別(차별) |
| | 어긋날 치 | 參差(참치) |

| 則 | 법칙 칙 | 法則(법칙) |
| | 곧 즉 | 然則(연즉) |

| 宅 | 집 택 | 家宅(가택) |
| | 집 댁 | 宅內(댁내) |

便	편할 편	便利(편리)
	똥오줌 변	便所(변소)
		小便(소변)

布	베 포	布木(포목)
	펼 포	公布(공포)
	보시 보	布施(보시)

| 暴 | 사나울 폭 | 暴力(폭력) |
| | 모질 포 | 橫暴(횡포) |

行	다닐 행	行進(행진)
	행실 행	行實(행실)
	항렬 항	行列(항렬)

| 畫 | 그림 화 | 畫房(화방) |
| | 그을 획 | 畫順(획순) |

유사형자
(類似形字)

假(거짓 가)…▶	假飾 가식		擧(들 거)…▶	選擧 선거
暇(겨를/틈 가)…▶	閑暇 한가		譽(기릴 예)…▶	名譽 명예
佳(아름다울 가)…▶	佳人 가인		巨(클 거)…▶	巨大 거대
往(갈 왕)…▶	往來 왕래		臣(신하 신)…▶	君臣 군신
住(살 주)…▶	住宅 주택		檢(검사할 검)…▶	檢査 검사
干(방패 간)…▶	干支 간지		儉(검소할 검)…▶	儉素 검소
于(어조사 우)…▶	于先 우선		險(험할 험)…▶	險難 험난
減(덜 감)…▶	加減 가감		堅(굳을 견)…▶	堅固 견고
滅(멸할 멸)…▶	滅亡 멸망		緊(긴할 긴)…▶	緊張 긴장
客(손 객)…▶	主客 주객		驚(놀랄 경)…▶	驚異 경이
容(얼굴 용)…▶	美容 미용		警(깨우칠 경)…▶	警句 경구

曲(굽을 곡)···▶	曲線 곡선		卷(책 권)···▶	卷末 권말
典(법 전)···▶	法典 법전		券(문서 권)···▶	證券 증권
孤(외로울 고)···▶	孤獨 고독		級(등급 급)···▶	等級 등급
派(갈래 파)···▶	黨派 당파		吸(마실 흡)···▶	呼吸 호흡
經(지날/글 경)···▶	經過 경과		怒(성낼 노)···▶	憤怒 분노
徑(지름길 경)···▶	直徑 직경		恕(용서할 서)···▶	容恕 용서
苦(쓸 고)···▶	苦樂 고락		端(끝 단)···▶	極端 극단
若(같을 약)···▶	萬若 만약		瑞(상서로울 서)···▶	瑞光 서광
困(곤할 곤)···▶	困難 곤란		待(기다릴 대)···▶	期待 기대
因(인할 인)···▶	原因 원인		侍(모실 시)···▶	侍女 시녀
功(공 공)···▶	功過 공과		論(논할 론)···▶	論議 논의
切(끊을 절)···▶	切斷 절단		輪(바퀴 륜)···▶	車輪 차륜
切(온통 체)···▶	一切 일체		倫(인륜 륜)···▶	人倫 인륜
郡(고을 군)···▶	郡邑 군읍		代(대신 대)···▶	代用 대용
群(무리 군)···▶	群衆 군중		伐(칠 벌)···▶	討伐 토벌

讀(읽을 독)…▸	讀書 독서	綠(푸를 록)…▸	草綠 초록
續(이을 속)…▸	繼續 계속	緣(인연 연)…▸	因緣 인연
燈(등 등)…▸	燈火 등화	錄(기록할 록)…▸	記錄 기록
證(증거 증)…▸	證據 증거	祿(복 록)…▸	官祿 관록
墓(무덤 묘)…▸	墓地 묘지	律(법칙 률)…▸	律法 율법
暮(저물 모)…▸	歲暮 세모	津(나루 진)…▸	津船 진선
幕(장막 막)…▸	天幕 천막	理(다스릴 리)…▸	整理 정리
慕(그리워할 모)…▸	思慕 사모	埋(묻을 매)…▸	埋沒 매몰
朗(밝을 랑)…▸	明朗 명랑	末(끝 말)…▸	末端 말단
郎(사내 랑)…▸	郎君 낭군	未(아닐 미)…▸	未來 미래
旅(나그네 려)…▸	旅客 여객	鳴(울 명)…▸	悲鳴 비명
施(베풀 시)…▸	施設 시설	嗚(슬플 오)…▸	嗚呼 오호
旋(들 선)…▸	旋回 선회	己(몸 기)…▸	自己 자기
歷(지날 력)…▸	歷史 역사	巳(뱀 사)…▸	巳時 사시
曆(책력 력)…▸	月曆 월력	已(이미 이)…▸	已往 이왕
力(힘 력)…▸	努力 노력	明(밝을 명)…▸	明白 명백
刀(칼 도)…▸	短刀 단도	朋(벗 붕)…▸	朋友 붕우

密(빽빽할 밀)⋯▶ 密集 밀집

蜜(꿀 밀)⋯▶ 蜜月 밀월

拍(칠 박)⋯▶ 拍手 박수

泊(머무를 박)⋯▶ 宿泊 숙박

辯(말씀 변)⋯▶ 辯論 변론

辨(분별할 변)⋯▶ 分辨 분변

變(변할 변)⋯▶ 變化 변화

燮(불꽃 섭)⋯▶ 燮理 섭리

復(회복할 복)⋯▶ 回復 회복

複(겹칠 복)⋯▶ 複雜 복잡

婦(며느리 부)⋯▶ 姑婦 고부

掃(쓸 소)⋯▶ 淸掃 청소

佛(부처 불)⋯▶ 佛敎 불교

拂(떨칠 불)⋯▶ 支拂 지불

與(더불/줄 여)⋯▶ 授與 수여

興(일 흥)⋯▶ 興亡 흥망

輿(수레 여)⋯▶ 輿論 여론

貧(가난할 빈)⋯▶ 貧富 빈부

貪(탐할 탐)⋯▶ 貪慾 탐욕

士(선비 사)⋯▶ 博士 박사

土(흙 토)⋯▶ 土地 토지

師(스승 사)⋯▶ 師弟 사제

帥(장수 수)⋯▶ 將帥 장수

宣(베풀 선)⋯▶ 宣布 선포

宜(마땅 의)⋯▶ 宜當 의당

性(성품 성)⋯▶ 性品 성품

姓(성 성)⋯▶ 姓氏 성씨

增(더할 증)⋯▶ 增加 증가

僧(중 승)⋯▶ 女僧 여승

憎(미울 증)⋯▶ 憎惡 증오

俗(풍속 속)⋯▶ 風俗 풍속

浴(목욕할 욕)⋯▶ 沐浴 목욕

崇(높을 숭)⋯▶ 崇高 숭고

宗(마루 종)⋯▶ 宗家 종가

臣(신하 신)···▶	君臣 군신	午(낮 오)···▶	午前 오전
巨(클 거)···▶	巨大 거대	牛(소 우)···▶	牛馬 우마
失(잃을 실)···▶	得失 득실	容(얼굴 용)···▶	美容 미용
矢(화살 시)···▶	弓矢 궁시	客(손 객)···▶	主客 주객
眼(눈 안)···▶	眼目 안목	援(도울 원)···▶	援助 원조
眠(잠잘 면)···▶	睡眠 수면	拔(뽑을 발)···▶	選拔 선발
延(늘일 연)···▶	延長 연장	位(자리 위)···▶	位置 위치
廷(조정 정)···▶	朝廷 조정	泣(울 읍)···▶	哭泣 곡읍
熱(더울 열)···▶	熱情 열정	遺(남길 유)···▶	遺産 유산
熟(익을 숙)···▶	成熟 성숙	遣(보낼 견)···▶	派遣 파견
葉(잎 엽)···▶	落葉 낙엽	隱(숨을 은)···▶	隱身 은신
棄(버릴 기)···▶	棄兒 기아	穩(편안할 온)···▶	穩健 온건
招(부를 초)···▶	招待 초대	任(맡길 임)···▶	任務 임무
昭(밝을 소)···▶	昭明 소명	仕(섬길 사)···▶	奉仕 봉사
紹(이을 소)···▶	紹介 소개	子(아들 자)···▶	子女 자녀
		予(나 여)	

積(쌓을 적)…▶　　積善 적선

績(길쌈 적)…▶　　紡績 방적

傳(전할 전)…▶　　傳授 전수

傅(스승 부)…▶　　師傅 사부

弟(아우 제)…▶　　兄弟 형제

第(차례 제)…▶　　次第 차제

鳥(새 조)…▶　　鳥獸 조수

烏(까마귀 오)…▶　　烏竹 오죽

早(이를 조)…▶　　早朝 조조

旱(가물 한)…▶　　旱害 한해

操(잡을 조)…▶　　操心 조심

燥(마를 조)…▶　　乾燥 건조

衆(무리 중)…▶　　群衆 군중

象(코끼리 상)…▶　　象牙 상아

陣(진칠 진)…▶　　敵陣 적진

陳(베풀 진)…▶　　陳列 진열

淸(맑을 청)…▶　　淸潔 청결

請(청할 청)…▶　　申請 신청

晴(갤 청)…▶　　晴雨 청우

睛(눈동자 정)…▶　　點睛 점정

治(다스릴 치)…▶　　政治 정치

冶(풀무 야)…▶　　陶冶 도야

他(다를 타)…▶　　其他 기타

地(따 지)…▶　　天地 천지

彈(탄알 탄)…▶　　彈丸 탄환

禪(참선할 선)…▶　　參禪 참선

晝(낮 주)…▶　　晝夜 주야

書(글 서)…▶　　書畫 서화

畫(그림 화)…▶　　圖畫 도화

畫(그을 획)…▶　　畫順 획순

脫(벗을 탈)…▶　　解脫 해탈

稅(세금 세)…▶　　課稅 과세

說(말씀 설)···▶ 說明 설명

設(베풀 설)···▶ 建設 건설

探(찾을 탐)···▶ 探索 탐색

深(깊을 심)···▶ 深化 심화

胞(세포 포)···▶ 細胞 세포

抱(안을 포)···▶ 抱負 포부

抗(겨룰 항)···▶ 反抗 반항

坑(구덩이 갱)···▶ 坑道 갱도

海(바다 해)···▶ 海洋 해양

悔(뉘우칠 회)···▶ 悔改 회개

侮(업신여길 모)···▶ 侮辱 모욕

擇(가릴 택)···▶ 選擇 선택

釋(풀 석)···▶ 解釋 해석

譯(번역할 역)···▶ 翻譯 번역

澤(못 택)···▶ 沼澤 소택

鄕(시골 향)···▶ 故鄕 고향

卿(벼슬 경)···▶ 卿相 경상

形(모양 형)···▶ 形式 형식

刑(형벌 형)···▶ 刑罰 형벌

刊(새길 간)···▶ 季刊 계간

勸(권할 권)···▶ 勸善 권선

觀(볼 관)···▶ 觀覽 관람

歡(기쁠 환)···▶ 歡喜 환희

약자(略字)와 속자(俗字)

ㄱ

價 값 가 価
假 거짓 가 仮
覺 깨달을 각 覚
強 강할 강 强
擧 들 거 挙
據 근거 거 拠
儉 검소할 검 倹
檢 검사할 검 検
輕 가벼울 경 軽
經 지날/글 경 経
鷄 닭 계 鶏
繼 이을 계 継
穀 곡식 곡 穀
觀 볼 관 観
關 관계할 관 関
廣 넓을 광 広

鑛 쇳돌 광 鉱
敎 가르칠 교 教
舊 예 구 旧
區 구분할/지경 구 区
國 나라 국 国
權 권세 권 権
勸 권할 권 勧
歸 돌아갈 귀 帰
氣 기운 기 気
器 그릇 기 器

ㄷ

單 홑 단 単
團 둥글 단 団
斷 끊을 단 断
擔 멜 담 担
當 마땅 당 当
黨 무리 당 党

對 대할 대 対
帶 띠 대 帯
德 큰 덕 徳
圖 그림 도 図
讀 읽을 독 読
獨 홀로 독 独
燈 등 등 灯

ㄹ

樂 즐길 락 楽
亂 어지러울 란 乱
覽 볼 람 覧
來 올 래 来
兩 두 량 両
歷 지날 력 歴
練 익힐 련 練
禮 예도 례 礼
勞 일할 로 労

綠 푸를 록	緑	絲 실 사	糸	藥 약 약	薬
錄 기록할 록	録	社 모일 사	社	樣 모양 양	様
龍 용 룡	竜	寫 베낄 사	写	嚴 엄할 엄	厳
(ㅁ)		辭 말씀 사	辞	與 더불/줄 여	与
萬 일만 만	万	殺 죽일 살	殺	榮 영화 영	栄
滿 찰 만	満	狀 형상 상	状	營 경영할 영	営
每 매양 매	毎	聲 소리 성	声	藝 재주 예	芸
賣 팔 매	売	續 이을 속	続	豫 미리 예	予
(ㅂ)		屬 붙일 속	属	溫 따뜻할 온	温
發 필 발	発	收 거둘 수	収	謠 노래 요	謡
髮 터럭 발	髪	數 셈 수	数	圓 둥글 원	円
拜 절 배	拝	肅 엄숙할 숙	粛	爲 할 위	為
變 변할 변	変	視 볼 시	視	圍 에워쌀 위	囲
邊 가 변	辺	神 귀신 신	神	隱 숨을 은	隠
寶 보배 보	宝	實 열매 실	実	應 응할 응	応
憤 분할 분	憤	**(ㅇ)**		醫 의원 의	医
佛 부처 불	仏	兒 아이 아	児	益 더할 익	益
(ㅅ)		惡 악할 악	悪	**(ㅈ)**	
舍 집 사	舍	壓 누를 압	圧	者 놈 자	者

殘 남을 잔　殘
雜 섞일 잡　雜
將 장수 장　将
壯 장할 장　壮
裝 꾸밀 장　装
獎 장려할 장　奨
爭 다툴 쟁　争
戰 싸움 전　戦
錢 돈 전　銭
傳 전할 전　伝
轉 구를 전　転
專 오로지 전　専
節 마디 절　節
點 점 점　点
靜 고요할 정　静
濟 건널 제　済
祖 할아버지 조　祖
條 가지 조　条
從 좇을 종　従
晝 낮 주　昼

增 더할 증　増
證 증거 증　証
眞 참 진　真
盡 다할 진　尽

ㅊ

讚 기릴 찬　讃
參 참여할 참　参
冊 책 책　冊
處 곳 처　処
鐵 쇠 철　鉄
靑 푸를 청　青
淸 맑을 청　清
請 청할 청　請
聽 들을 청　聴
廳 관청 청　庁
體 몸 체　体
總 다 총　総
蟲 벌레 충　虫
層 층 층　層
齒 이 치　歯

寢 잘 침　寝
稱 일컬을 칭　称

ㅌ

彈 탄알 탄　弾
擇 가릴 택　択
鬪 싸움 투　闘

ㅎ

學 배울 학　学
海 바다 해　海
鄕 시골 향　郷
虛 빌 허　虚
險 험할 험　険
驗 시험 험　験
顯 나타날 현　顕
惠 은혜 혜　恵
號 이름 호　号
畫 그림 화　画
歡 기쁠 환　歓
黃 누를 황　黄
會 모일 회　会
黑 검을 흑　黒

2010년 4월 15일 초판 1쇄 발행
2015년 6월 15일 초판 4쇄 발행
엮은이 · 이야기공방
표지 일러스트 · 이경진
펴낸이 · 이미례 | **펴낸곳** · (주)학은미디어
주 소 · 서울 양천구 오목로 128, 302호
전 화 · 02)2632-0135~7 | **팩 스** · 02)2632-0151

등록번호 · 제13-673호
편집책임 · 육은숙 | **편집** · 박수진
디자인 · 신우진
ⓒ (주)학은미디어, 2010
ISBN 978-89-8140-353-9   00700